沿線の近現代史

大矢悠三子

目次

CPCリブレ　No.8

鎌倉大仏（長谷）

中央が江ノ電鎌倉駅

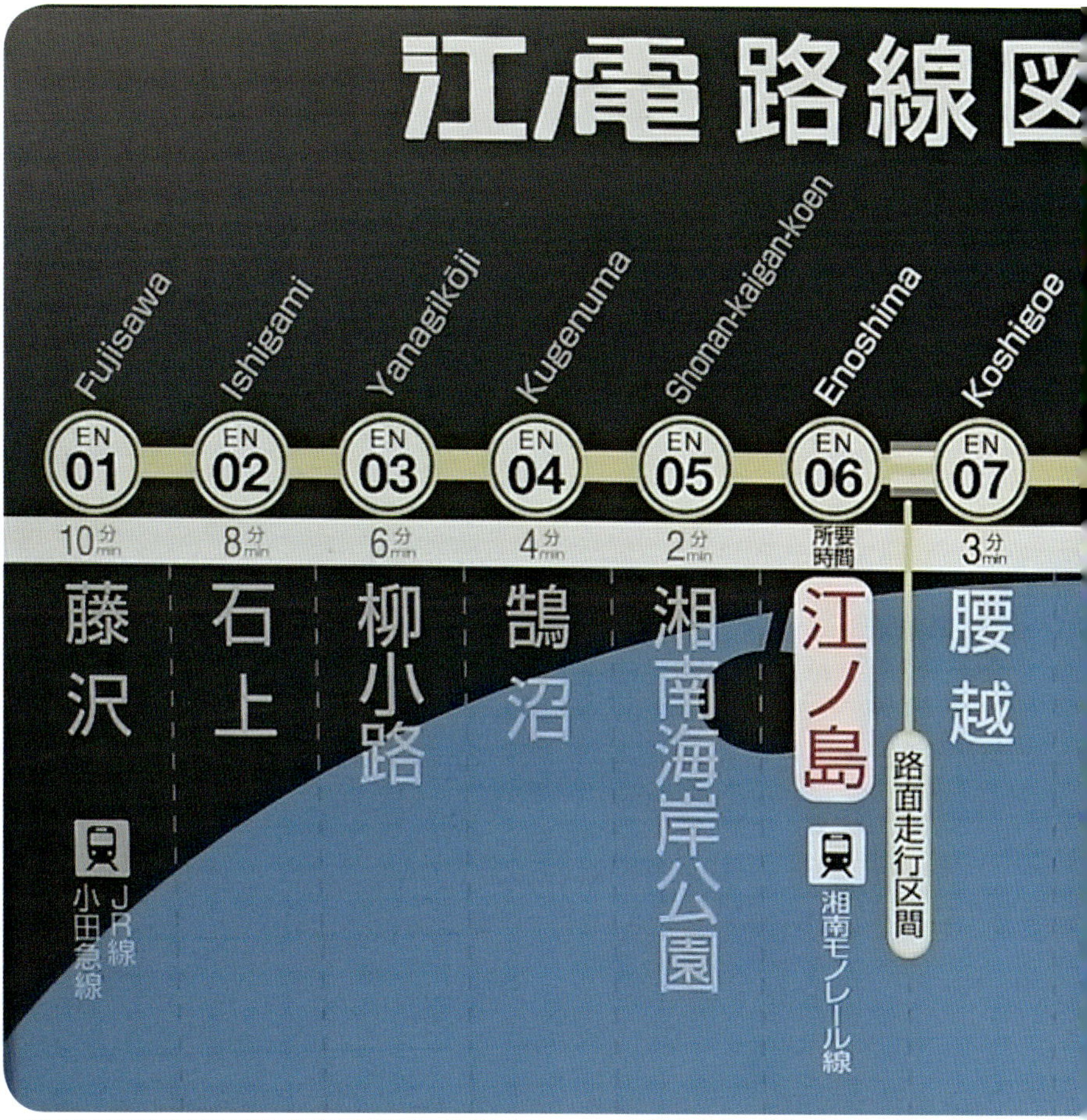

（江ノ島駅ホームで撮影）

藤沢駅プラットホーム

車窓から太平洋、江の島を見る（鎌倉高校

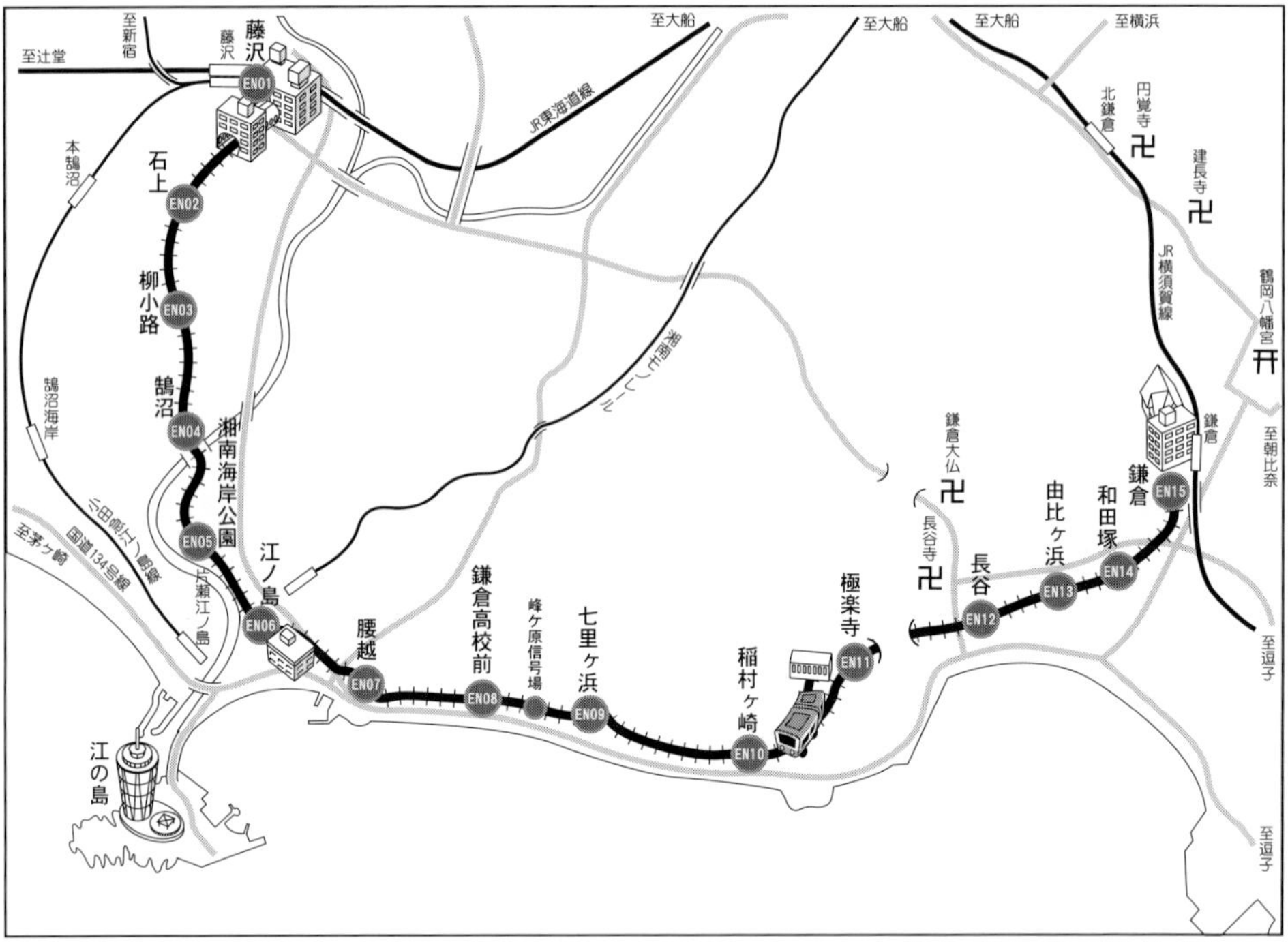

提供:江ノ島電鉄株式会社

【裏表紙写真上】　江ノ電唯一のトンネル・極楽洞。極楽寺と長谷の間の209メートルをツルハシで掘りぬき、1907年に竣工。
【同上写真中左】　江の島入口(絵葉書)
【同上写真中右】　由比ヶ浜海水浴場(絵葉書)

第一章　江ノ電の開業
――湘南トライアングルの形成

江ノ電が走る街

江の島・鎌倉への鉄道敷設計画

「江ノ電」と親しまれる藤沢・鎌倉間の鉄道路線は、一九〇二年（明治三五）九月一日に藤沢・江ノ島間を開業した江之島電気鉄道がその始まりです。現在の江ノ電・江ノ島電鉄株式会社の創立は、一九二八年（昭和三）七月一日に設立された江ノ島電気鉄道株式会社がその始まりですが、本章では、一九〇二年に湘南の地を走り始めた最初の江ノ電である江之島電気鉄道を紐解きます。そして、各章で順に江ノ電の旅を楽しんでいきたいと思います。

一八八三年七月に日本で初めての私設鉄道である日本鉄道が上野・熊谷間で開業し、一八九一年九月には上野・青森間（現在のＪＲ東日本・東北本線）の全通を迎えました。

また、日本鉄道が最初に開業した前年の一八八二年には、新橋・日本橋間に東京馬車鉄道が開業しています。これは日本において、道路に敷設された線路を使って運輸を行う軌道業の始まりでした。

一八九〇年に東京上野公園で開かれた第三回内国勧業博覧会で、東京電灯会社により衝撃的なプレゼンがなされます。アメリカから輸入した電車を出品し、運転を披露したのです。これは、その後、全国的に電気鉄道経営熱が盛り上がっていった大きなきっかけとなりました[1]。政府は、一八八七年に私設鉄道条例（明治二〇年勅令第一二号）を、そして一八九〇年に軌道条例（明治二三年法律第七一号）を制定します。制定年度をみれば、いずれも私設鉄道や軌道が敷設された後からできた法整備となりますが、これは一八八五年から一八九〇年に起きた第一次鉄道ブームに対応した施策だったと考えられます。

その後、鎌倉や江の島という絶好の観光ポイントがあり、かつ未だ鉄道が敷かれていなかったこの地にも、鉄道敷設の動きが起こります。一八九五年に鎌倉電車鉄道と鎌倉鉄道というふたつの会社が設立されます。

若尾逸平等十九名の諸氏発起となり鎌倉電車鉄道株式会社を創立し横浜市黄金橋を起点とし久良岐郡を経て鎌倉に出で七里ヶ浜辺を通過して江の島に至り高坐郡藤沢駅に於て官設鉄道に接続する電車鉄道を敷設する計画にて去る三日神奈川県庁を経由して其筋へ願書を呈せり(2)

先に出願した鎌倉電車鉄道は、横浜と鎌倉を電気鉄道で結んだ上で現在の江ノ電を走るルートとなっており、発起人には、若尾逸平・佐竹作太郎・根津嘉一郎らが名を連ねていました。一方、二ヵ月後に出願した鎌倉鉄道は、通常の鉄道に比して規格が簡便で建設費・維持費ともに低廉な軽便鉄道での敷設とし、鎌倉までのルートを横浜から富岡を経由して結んでいます。発起人は、安場保安・小野金六・松本直己らです。鎌倉電車鉄道も鎌倉鉄道も、ともに江の島を経由して鎌倉と藤沢を繋ぐという現在の江ノ電の路線と同じ構想を持っていることがわかります(3)。

また、翌一八九六年六月二七日の『読売新聞』は、「江の島遊覧鉄道の出願」と題して、同鉄道ハ東海道線藤沢停車場より腰越鎌倉逗子及び野島を経て金沢に至り相海鉄道線に接続する十三哩間に資本金五十万円を以て敷設せんとするものにて一昨日創立願書を神奈川県庁を経て提出したるよし(4)

と、新たに江の島遊覧鉄道が藤沢・鎌倉・金沢を結ぶ鉄道の敷設計画を持っていることを報じています。

鎌倉に至るまでのルートをみると、鎌倉電車鉄道は久良岐郡、鎌倉鉄道は富岡（久良岐郡）、江の島遊覧鉄道は金沢（久良岐郡）といずれも久良岐郡を経由しています。久良岐郡には野島や富岡という現在の横浜市金沢区の町があり、三条実美・井上馨・松方正義・伊藤博文ら貴顕紳士たちの別荘もありました。この地は今では内陸になっていますが、かつては海浜のある町で、明治二十年代に入って大磯や片瀬など湘南地域に「海水浴のメッカ」の座を奪われるまでの明治十年代は海水浴で名を馳せた地域です。かつてほどの勢いはなくなったとはいえ、鎌倉電車鉄道、鎌倉鉄道、江の島遊覧鉄道のいずれも、保養地と行楽地というふたつのポイントをつなぐ観光鉄道だったと考えることができます。

江之島電気鉄道株式会社の設立

このように複数の路線計画が企図されましたが、逓信省鉄道局から鎌倉鉄道に対して、横浜・鎌倉間の路線を削除し、鎌倉から藤沢のみとするよう指示が出され、鎌倉鉄道は鎌倉・藤沢間を計画路線として一八九七年（明治三〇）に改めて鉄道敷設免許を申請しました。一八九八年二月一一日の『読売新聞』の記事からは、「色川誠一氏外十名の発起計画中なる鎌倉鉄道ハ一昨日神奈川県庁を経仮免状を下付されたる由なるが同線路は鎌倉町より片瀬を経て鵠沼に至り夫より藤沢停車場に接続する予定なりと」[(5)]と鎌倉鉄道が、鎌倉・藤沢間において仮免状を下付されたことがわかります。

しかし、実際には鎌倉鉄道は敷設されることはなく、一八九八年一二月に福井直吉・山本庄太郎らを発起人として、新たに藤沢・鎌倉間に電気鉄道敷設の特許申請がなされました。福井直吉らの申請が、電気鉄道の主務官庁である内務省から電気鉄道敷設免許（仮免状）を得たため、一八九八年に認可を受けていた鎌倉鉄道は一八九九年に敷設免許状を返納しました。ここに至る詳細な経緯は詳らかにされていませんが、その後、福井直吉・山本庄太郎ら一二名によって、一九〇〇年に江之島電気鉄道株式会社（以下、江ノ電と称する）が創立され、藤沢・鎌倉間に電気鉄道を敷設することになったのです[(6)]。

開業に至らなかった鎌倉電車鉄道、鎌倉鉄道、江の島遊覧鉄道と、江ノ電との大きな差は計画路線の違いです。鎌倉鉄道は、路線を修正して申請しましたが結局敷設には至りませんでした。それはもともと横浜と金沢・富岡を結び、さらに金沢・富岡と鎌倉・江の島を結ぶことに目的があったからと考えられます。つまり、金沢・富岡と江の島と両方へのアクセスがあってはじめて意義がある鉄道であり、江の島へのアクセスだけの路線には、発起人たちの目的は達せられなかったと考えられるのです。

江ノ電は、当初から藤沢・鎌倉と江の島を結ぶことに徹しており、金沢・富岡は対象にしていませんでした。東京・横浜方面から江の島へ誘導することに特化していたと言ってもよいでしょう。この時代には、鉄道の開通と海水浴場の開設によって、海水浴の先駆的地域となった湘南には、神奈川県下からだけでなく、東京方面から多くの来訪者があるという実績があったればこそ、総延長わずか一〇キロメートルの鉄道会社の設立が可能だったのです。もちろん、それは江ノ電が東海道線・横須賀線と接続するという絶好の条件を有していたからで、敷設計画には全通が必須条件だったことは言うまでもありません。

藤沢・片瀬間の開業と官設鉄道

一九〇〇年（明治三三）一一月、萬安楼で会社創立総会を開いた江ノ電は、資本金一二〇万円、発起人代表を福井直吉としてスタートします。一二月四日には、高座郡藤沢大坂町に本店所在地を置き、取締役社長に青木正太郎が就き、会社設立登記を行いました。[7] 翌一九〇一年八月には、軌道敷設の用地（高座郡藤沢大坂町–鵠沼–鎌倉郡川口村–腰越津村–鎌倉町）の土地収用認定を出願し、その秋一〇月二四日には内閣（総理大臣・桂太郎）の認定を得ています。[8]

工事は進み、藤沢・片瀬間の軌道敷設は一九〇二年八月五日に、電車線の架設は八月二二日に完了し、九月一日に日本で六番目の電気鉄道として江ノ電は開業を迎えました[9]。しかし、開業初日の夕刻、とんでもないことが起こってしまいます。

同（＊江之島）電気鉄道は別項運輸欄に記載の如く去る一日午前六時より電車の運転を開始したるが何分田舎のこととて物珍らしげに先を争ひて乗車するもの多く非常に賑ひたるが同日午後五時四十分頃に至り不幸にも電車の衝突を来たせり[10]

藤沢駅を出発した電車と片瀬駅から出発した藤沢行の電車が、鵠沼駅ですれ違いをするはずが、先に鵠沼駅に到着していた藤沢行の電車が、興奮する旅客に急き立てられて誤って電車を発車させてしまったために起こった衝突事故でした。この頃は電気鉄道は、まだ黎明期と言える時期で初めて電車を体験する人も多く、車内は賑わいお祭り騒ぎのようだったといいます。この事故は開業初日に起きていることもあり大きく報道され、江ノ電には厳しい開業日となってしまいました[11]。

江ノ電の開業は、官設鉄道の東海道線や横須賀線にも少なからず影響を与えました。官設鉄道が発行する企画切符の変遷からみてみましょう。江ノ電開通以前の一八九九年に、官設鉄道は避暑旅行用の藤沢・鎌倉・平塚・大磯・国府津行往復割引切符を発売しています。この切符は土曜日と日曜日の発売で三日間の有効期間があり、「暑中日曜日の避暑旅行に便ならしむる為めにて其使用期限ハ三日間なれバ土曜日より日曜に掛け以上の各地に滞在し月曜を以て帰京することを得べし」[12]と土日は湘南に滞在して月曜に帰京する小規模な避暑旅行に便利な企画切符でした。そして、「右の内藤沢又ハ鎌倉行切符は両駅共通を為し得るものなるも一般途中の下車乗継ハ為すべからす」[13]と藤沢と鎌倉だけは両駅共通となっており、往路と復路で乗車・下車駅が異なった方が都合が良い江の島・鎌倉観光に便宜を図っていたことがわかります。江ノ電が開通する前の時代、人びとは、この先を人力車などを利用して観光を楽しんでいたのです。

江ノ電開通後の一九〇三年夏に鉄道作業局が発売したのは、一定区間が自由に乗り降りでき、有効期間も七日間ある割引乗車券でした。発売当初は、「京浜両地より横須賀、逗子、鎌倉、藤沢、茅ヶ崎、平塚、大磯、二の宮、国府津等を随意回遊し得べき至極便利なる割引乗車券（通用七日間）を発売する由」[14]と官設鉄道路線のみの周遊と割引でしたが、この一週間後には、

今回鉄道作業局に於て海浜回遊乗車券を発売し避暑旅行の便に供する事となりたるに由り該乗車券携帯者に限り其回遊地に於ける各旅館にてハ宿泊料等を低減し又江の島、小田原両電気鉄道にてハ共に乗車賃金の割引を為し以て大に之を歓迎する事に決したる由今左に其施設の概要を報道すべし[15]

と江ノ電・小田原電気鉄道の乗車賃割引も加わっています。また、沿線の旅館にも宿泊料割引という優待があり、さらに小田原電気鉄道によって向かう箱根方面に対しても、「右作業局の計画に大賛成の意を表し目下回遊客歓迎方の相談中なり」[16]と優待はさらに拡大の方向にある見通しを報じています。海浜回遊乗車券への鉄道各社のタイアップは、江ノ電は片道三割引、往復四割引、小田原電気鉄道は往復一割引となっており、江ノ電は思いきった割引をしています[17]。江ノ電は未だ部分開通の段階ですが、このように企画切符に大きな利便性を持たせることで官設鉄道と江ノ電は、双方を有効に活用し、一体となって旅客の増加を図っていることがわかります。

江ノ電の延伸

さて話を江ノ電の敷設に戻しましょう。藤沢・片瀬間開通後、江ノ電は第二期工事である片瀬・極楽寺間の延伸工事を進め、翌一九〇三年（明治三六）六月二〇日には、片瀬駅から行合駅までが開業しました。行合駅は現在の七里ヶ浜駅から鎌倉方面に少し進んだあたりですから、現代では、その代名詞でもある湘南の海と江ノ電は第二期工事の延伸によって初めて出会うことになったのです。

その翌月の七月一七日には、距離はわずかなのですが、現在の七里ガ浜高校あたりにあった追揚駅まで延伸します。七里ヶ浜は、その海岸の状態から現代における海水浴には適さないのですが、医療行為として導入された頃は海水浴場として名を馳せており、また、避暑として白砂青松の海岸に憩うという目的からも盛夏に開業が間に合ったことの利益は大きく、「連日海水浴客で賑わい全社驚喜の成績を収めた」[18]といいます。

ところが、この年の秋、この地を襲った台風により、行合川橋梁付近の土砂が流出し、行合川から先の運行は約二ヵ月にわたってできなくなってしまいました。このトラブルにより、延伸工事は予定より時間を要することになりましたが、翌一九〇四年四月一日に極楽寺駅まで延伸し、第二期工事は完了します。ここに至り、営業距離は七・八一キロメートルに達しました[19]。

江ノ電の極楽寺駅までの延伸が報道された記事のなかに興味深い図が掲載されています。一九〇四年五月七日の『鉄道時報』の「江之島電鉄の発車時間及び改正賃金」という記事には、藤沢・片瀬・極楽寺の時刻表と運賃表、路線図が掲載されているのですが、開通した極楽寺まで示された実線の先に極楽寺から鎌倉が破線で繋がっています。これが現在の長谷を通るルートではなく、長谷寺や大仏を南にみて、その北側を走るルートになっているのです。しかし、実施された第三期工事は、長谷や由比ヶ浜を通る南側のルートとなりました。そして、これがまた新たな困難を伴うものでした。江ノ電が極楽寺駅まで開通したのは、一九〇四年四月でしたが、次の極楽寺・大町間が開業したのは、三年以上先の一九〇七年八月でした。実は、極楽寺・大町間の建設に着工したのは、一九〇六年六月で、極楽寺駅開業から着工までに、二年二ヵ月の空白期間があります。江ノ電は、第二期工事の途中の一九〇三年の夏から秋にかけて、全線開業の早期実現をめざし、極楽寺・小町間の測量を行ないましたが、隧道の開鑿を避けることはできないこと、隧道に勾配ができてしまうこと、さらに問題だったのは、予定路線には、人びとが多く住んでいて、線路を敷設するためには、移転が必要な家屋がたくさんあることがわかったことでした。土地買収は簡単ではなく、一九〇六年一〇月に、ついに工事は中止され、江ノ電は残る用地について土地収用審査会の採決を待つ状態になりました。また、日露戦争勃発による非常特別税法（明治三七年法律第三号）の制定や工事資金の逼迫など経営において非常に厳しい局面を迎え、自己資金のみでの工事継続が困難な状況に陥りました。その結果、延伸を断念するか、債務を負ってでも延伸すべきか、と経営陣のなかでも意見が割れてしまったのです。それでも、日露戦争終結後は、景気がもどり、湘南への遊覧客も増え、鵠沼の別荘開発が盛んになるなど良い材料が増え、江ノ電の経営は好転してきました。加えて、勾配のある隧道についても内務省の許可が得られ、経営陣の意見が延伸に傾いたことから、一九〇六年に第三期延伸工事は着手の運びとなりました[20]。

第三期延伸区間の建設工事において最も困難だったのは、極楽寺駅と長谷駅をむすぶ隧道開削工事でした。工事は全工程をツルハシを使って人力で掘っていくものでした。隧道工事の竣工は一九〇七年二月のことで、隧道の藤沢側には、後の朝鮮総督曽禰荒助の筆による「極楽洞」、鎌倉側には総理大臣松方正義による「千歳洞」という名称が刻まれています[21]。こうして、苦難の隧道開通から半年後、一九〇七年八月一六日、江ノ電は大町駅まで開通します。大町駅は、現在の神奈川県道三一一号鎌倉葉山線と江ノ電が交差する辺りにありました。現在では、踏切の傍らに「江ノ電大町停留所跡」という駅名版型のモニュメントが建っています。

「大町停留所跡」（著者撮影）　由比ガ浜２丁目に停留所が部分的に再現されている。

大町は横須賀線鎌倉駅と徒歩連絡圏内でしたので、江ノ電・大町駅開業によって、鎌倉・江の島観光は、横須賀線・鎌倉駅と東海道線・藤沢駅の両駅の利用が可能になり、人びとはより気軽にこの地を楽しむことができるようになりました。時間的にも体力的にも負担が小さくなったからです。江ノ電の大町延伸の大きな意義は、藤沢・江の島・鎌倉という観光地・海水浴場をつなげる湘南周遊ルートを完成させたことでしょう。一方で、鉄道で繋がれた道を巡ることにより観光のモデルコースというべき道筋が形成されていくことで、湘南の観光地の範囲が具体的に、かつ強力に固定化されてしまったとも言えるのです。

大町駅の開業により、江ノ電の未開業区間は小町駅までのわずか五〇〇メートルとなりました。しかし、この五〇〇メートルの敷設が完了し、江ノ電が全通を迎えるのには、さらに三年以上の年月がかかっています。そこには、横須賀線をどのように横断するかという問題がありました。江ノ電は、横須賀線と平面交差で乗り切ろうとしましたが、鉄道院の回答は、あくまでも立体交差でした。横須賀線を高架にし、その下を江ノ電が走るという構図になるのですが、建設費の負担が何より問題でした。様々な折衝を経て、一九一〇年一月にようやく着工し、江ノ電は同年一一月四日、ついに全通の日を迎えたのです[22]。

経営母体の三遷、そして新たな江ノ電へ

藤沢・片瀬間の開業から、実に八年二ヵ月の年月を要した江ノ電の全通ですが、この間に、日露戦争・韓国併合など国際情勢も大きく揺れました。そして、交通の世界では、地方ではまだ若干拡がりをみせている馬車鉄道も都会では電車やほかの動力への転換が進んでいました。そして、大きな発展をみせていたのが、電車と市街に電力を供給する電力会社です。神奈川県では、横浜電気が県内のほかの電力会社を吸収合併し、電力事業の独占を図っていました。そして、江ノ電にも横浜電気との合併の話が持ち上がってきたのです。

やっとの思いで全通までこぎつけたものの、会社として急務である昇降場や車両の改善、そし

て水害の対策などに対応する財政的な体力が江ノ電にはもう残っていませんでした。設備投資ができない状態の江ノ電は、横浜電気との合併か、独立して存続かの選択を迫られていました。そして一九一一年（明治四四）、江ノ電は横浜電気に合併され、横浜電気江之島電気鉄道部となります。悲願の全通から、わずか一年と一ヵ月後でした[23]。

その後、一九二一年（大正一〇）に横浜電気は東京電灯に合併され、東京電灯株式会社横浜支店となり、横浜電気江之島電気鉄道部は、東京電灯江之島線となりました。

江ノ電が東京電灯江之島線として営業を続けるなか、一九二一年に東海土地電気株式会社という会社が発起されました。同社は、茅ヶ崎・鵠沼間、辻堂・辻堂海岸間の敷設免許を申請し、翌一九二二年末に免許を得ています。東海電気土地は、一九二六年七月一〇日、横浜で会社の創立総会を行い、社名を江ノ島電気鉄道株式会社と改めることを決議しました。これが、現在の江ノ電を経営する江ノ島電鉄株式会社の創立となります[24]。

一方、東京電灯は電力業界の過剰な競争や金融恐慌の影響によって、江之島線の譲渡を決定します。当初は小倉常吉への譲渡が決定していたのですが、一九二八年（昭和三）四月、江ノ島電気鉄道に譲渡することが定例重役会で決定されます。五月一日には東京電灯と江ノ島電気鉄道との間に譲渡契約が締結され[25]、七月一日より営業を開始しました。こうして、江ノ電は再び鉄道会社の路線になりました。経営母体は三遷しましたが、電車は湘南の風を受けながら、その間も変わらず藤沢・鎌倉間を走り続けていたのです。

一九〇七年の大町延伸、そして一九一〇年の小町全通により、藤沢と鎌倉は線路で繋がりました。地図の上に、東海道線と横須賀線、そして江ノ電の三本の線路がくっきりと描かれたのです。江ノ電の延伸・全通は、概ね相模湾沿いの広い範囲を指していた湘南という地域を、目に見える形で固定しました。この線路が形作る三角形は、鉄道で行ける、あるいは廻る行楽地・小さな湘南という新しい概念を生み出しました。営業キロがわずか一〇キロメートルほどの江ノ電は、湘南トライアングルの形成になくてはならないパーツだったのです。

【註】

(1)江ノ島鎌倉観光株式会社会社六十年史編纂委員会編『江ノ電六十年記』（江ノ島鎌倉観光株式会社、一九六三年）九頁
(2)『毎日新聞』一八九五年八月八日
(3)前掲『江ノ電六十年記』一〜二頁
(4)『読売新聞』一八九六年六月二七日
(5)『読売新聞』一八九八年二月一一日
(6)前掲『江ノ電六十年記』四頁
(7)江ノ島電鉄株式会社開業一〇〇周年記念誌編纂室編『江ノ電の一〇〇年』（江ノ島電鉄株式会社、二〇〇二年）五五頁
(8)前掲『江ノ電の一〇〇年』三六頁
(9)前掲『江ノ電の一〇〇年』三六頁

(10)『鉄道時報』一九〇二年九月六日
(11)前掲『江ノ電の一〇〇年』六〇頁
(12)『読売新聞』一八九九年七月一〇日
(13)『読売新聞』一八九九年七月一〇日
(14)『読売新聞』一九〇三年七月一九日
(15)『読売新聞』一九〇三年七月二六日
(16)『読売新聞』一九〇三年七月二六日
(17)『読売新聞』一九〇三年七月二七日
(18)前掲『江ノ電の一〇〇年』六三頁
(19)前掲『江ノ電の一〇〇年』六三頁
(20)前掲『江ノ電の一〇〇年』六四〜六五頁
(21)前掲『江ノ電の一〇〇年』六五頁
(22)前掲『江ノ電の一〇〇年』六七頁
(23)前掲『江ノ電の一〇〇年』七〇頁
(24)前掲『江ノ電の一〇〇年』八九〜九一頁
(25)前掲『江ノ電の一〇〇年』一〇〇頁

第二章　湘南の大都市・藤沢

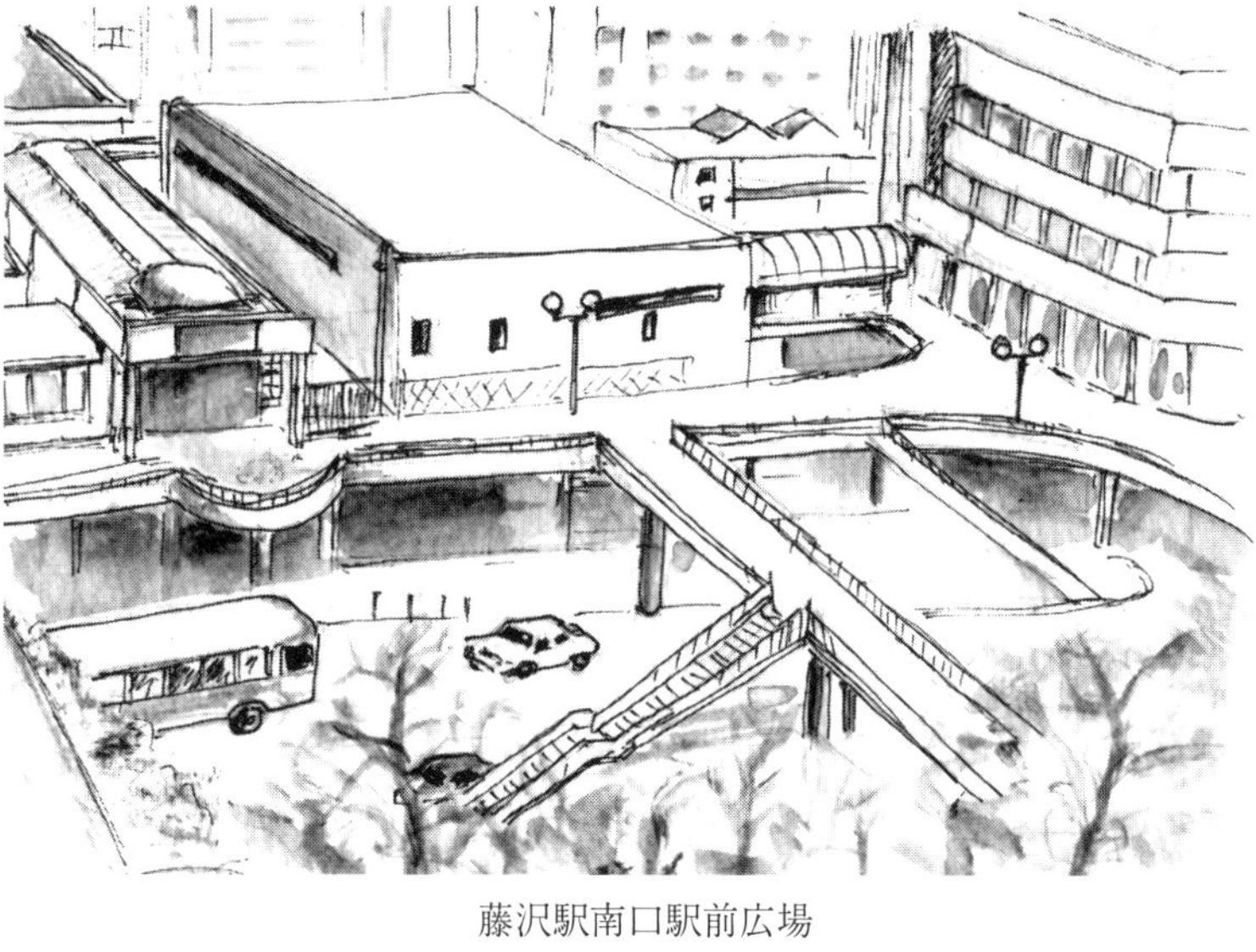

藤沢駅南口駅前広場

東海道線・藤沢駅の開業

一八七二年（明治五）一〇月の新橋・横浜間の日本最初の鉄道開業から、およそ一五年の時を経て、一八八七年に東海道線は国府津まで延伸されます。延伸にともなって開業した藤沢駅は、江の島など海浜地域への入り口となり、列車が到着するとたくさんの人力車が駅前で客待ちをするようになりました。

藤沢駅が開業する前の町場の中心は、現在の藤沢駅よりもう少し北に位置していました。東海道五十三次の六番目の宿場として藤沢宿が設置されていたあたりです。藤沢というところは、古代の書物にも、この地の情報が見られるように古い歴史があり、遊行寺という名で知られる時宗の総本山である清浄光寺は鎌倉時代に建立されています。藤沢宿が江戸時代の早い時期に設置されたのも、藤沢の町が古くから発展し、かつ交通の要所であったからです。また、遊行寺の近くには徳川家康が設けた藤沢御殿もあり、将軍家の宿泊施設として多々利用されていたようです。このため遊行寺近くの藤沢宿がこのあたりの中心となっており、時代が徳川から明治に代わっても、それは変わりませんでした。

藤沢駅を降り立つ人びとの多くは、そこから人力車で江の島方面へとさらに南下していくようになります。貴族院議員となり、法制局長官も務めた尾崎三良の日記から、東海道線延伸前と後の旅程を比較してみましょう。

①明治一七年七月二三日　水　朝霧深シ

午前八時新橋発汽車ニテ出立。妻、洵若等ヲ携フ。僕銀蔵ヲ倶ス。神奈川ヨリ腕車三輌ヲ傭ヒ江ノ島ニ至ル。藤沢鈴木屋ニテ昼食。鈴木屋ハ藤沢ノ東口ニ在リ。江ノ島ニ至ルニハ此屋ヨリ左ニ折レ南ニ向フ。故ニ此家ニ休憩ス。江ノ島着午後二時。恵比寿屋茂八方ニ止宿ス。海水浴後島中ヲ廻リ岩屋弁天ニ至ル。各宮社ヲ廻リ、凡ソ十八丁ト云ヘド其実十二、三丁ナルベシ。此日黄霧四塞眺望ナシ。(1)

②明治二〇年八月六日　土　晴

早朝桜井ヲ訪、英ヘ携ヘ近道逍遥セン事ヲ告グ。英女之ヲ肯ゼズ、空ク帰ル。午前九時十五分汽車ニテ新橋停車場ヲ発ス。道枝、洵若、島野ヲ倶ス。横浜ニテ下車、夫ヨリ更ニ汽車ニ駕ス。十時五十分横浜ヲ発シ、程ヶ谷、戸塚（此間隧道アリ）等ヲ経テ藤沢ニ達ス。十一時四十分ナリ。各所未完成セズ、仮停車場ヲ用ユ。藤沢停車場脇茶屋稲毛屋ニテ昼飯ヲ食ス。夫ヨリ腕車三輌ヲ傭ヒ鎌倉ニ向フ（略）(2)

③明治二〇年八月二二日　月　晴

早起、散歩。午前九時四十五分発シ、新橋ヨリ汽車ニ駕シ十一時四十分藤沢ニ着、若松舎ニ休憩。夫ヨリ腕車ヲ命ジ藤沢駅ヲ出、又左曲シテ鵠沼村ニ至ル（略）(3)

開通前の①明治一七年七月二三日の日記では、朝の八時に新橋を出発して、神奈川から人力車を利用して江の島に到着したのは午後二時でした。途中、藤沢で昼食に時間を費やしていますが、全行程で六時間を要しています。それに比して東海道線延伸後の②明治二〇年八月六日の日記では、午前九時一五分に新橋を出発して、横浜で乗り換えのため一旦下車し、汽車を乗り換えて一〇時五〇分に横浜を出発し、藤沢に到着したのは、一一時四〇分で、横浜からは五〇分の乗車時間です。新橋から藤沢までに要した時間は二時間二五分でした。その後は人力車で鎌倉に向かっています。また、それからおよそ二週間後の③八月二二日の日記では、午前九時四五分に新橋を出発して、一一時四〇分に藤沢に到着しています。新橋・藤沢間の乗車時間は一時間五五分でした。その後、尾崎三良一行は、やはり人力車を利用して鵠沼に向かっています。開業前に比べて藤沢駅開業後は、東京と藤沢は大変「近くなった」ことがわかります。

前述したように、中世には遊行寺が信仰を集め、近世には宿場が設置されていた藤沢は、すでに町場として発達しており、一八七八年に郡区町村編制法（明治一一年太政官布告第一七号）が制定されると、高座郡役所が置かれるなど近隣において中心的な役割を果たしていました。鉄道駅ができたことは、単に江の島方面への観光の下車駅としてだけでなく、遊行寺近くにあった藤沢宿を中心とした町場への人の流れも従来の道筋から、藤沢駅からのアクセスへと切り替えていくことになりました。

小田急江ノ島線の開業

東海道線が藤沢宿を少し離れ、南に下った位置を通り、そこに藤沢駅が開業したことから、そこに藤沢の町場に変化がみられるようになります。

藤沢の町場へのアクセスの変化は、町場を藤沢駅寄りの南側に拡大させていきました。そして、町場の中心が徐々に藤沢駅周辺へと移っていったのです。一九〇二年（明治三五）には江ノ電が開業し、藤沢はその始点の駅となりました。江の島などの海浜地域に向かう電車という新しい交通手段も現れ、その結節点となった藤沢はますます賑わっていきました。藤沢の隆盛は、その先にある江の島周辺の観光地の魅力とともに、新たな鉄道敷設の動きを呼び込みました。

一九二二年（大正一一）に新宿・小田原間の敷設免許を得ていた小田原急行鉄道株式会社（会社設立は翌一九二三年。以下、小田急）は、早くも一九二三年には片瀬方面への鉄道敷設に動きだしています。原町田・辻堂・片瀬間（一九二三年）、原町田・藤沢間（一九二四年）、原町田・片瀬間（一九二五年）、原町田・片瀬間を大野村・藤沢町間に線路変更（一九二六年）、と何度も敷設免許申請や申請変更を繰り返していることから、小田急の片瀬方面への強い意欲を感じ取ることができます。そして、ついに一九二六年一〇月四日に小田急藤沢線（大野村・藤沢町間）の敷設が認可されます。すると、すぐさま翌月一一月二八日には片瀬線（藤沢町・片瀬間）の延長免許を申請し、約一年後の一九二七年（昭和二）一二月二七日、片瀬線の敷設も認可されます。ここに小田急は現在の江ノ島線全線の敷設許可を得たのです。翌一九二八年から敷設工事は着工となり、一九二九年四月一日に小田急江ノ島線は営業を開始しました。[4]

小田急江ノ島線の新宿・片瀬江ノ島間の所要時間は、およそ一時間三〇分で一時間に一本の運行でした。また、夏の日曜日には新宿から片瀬江ノ島に直通急行が本数を増やして運行されていました。[5] 藤沢は横浜の近隣都市というだけでなく、東海道線で東京に、そして小田急江ノ島線で新宿と繋がり、都心に直結する地として、やがて東京への通勤も多い住宅地として発展していきました。また、広域で展開している企業の支社や支店が集中する支店経済都市として、経済においても重要な役割を果たしている都市となり、同時に江の島を始めとする観光資源を有する観光都市という性格も持つ湘南地域の中心都市となっていきました。

このように藤沢駅は横浜や東京へ出向くという一方向だけの駅ではなく、人を集める駅として機能していたのです。人力車が列をなしていた東海道線の藤沢駅開業当時の藤沢駅前は小さな駅前だったと考えられますが、江ノ電の開通、そして小田急江ノ島線の開通により、北（旧藤沢宿）と南（海浜地区）への人の流れが増加したことで、「藤沢駅前」は徐々に拡大していきました。そして、戦後、藤沢駅周辺は、大規模な開発を繰り返す歴史に入っていったのです。

藤沢綜合都市計画と藤沢駅前

一九五三年（昭和二八）に町村合併促進法（昭和二八年法律第二五八号）が制定され、さらに一九五六年に新市町村建設促進法（昭和三一年法律第一六四号）も制定され、全国的に大規模な市町村合併が行われました。その結果、自治体数はおよそ三分の一にまで縮小されました。藤沢市も北部地域の編入などにより、この時期に、ほぼ現在の市域を確定し、一九五七年に「藤沢綜合都市計画」を策定して、新たな都市づくりを進めていきました[6]。都市の自立をめざし、経済基盤を確立することを目標に「住宅、観光、産業の調和のとれた独立型衛星都市」建設を基本方針として、産業基盤の確立を目的とした「北部工業開発事業」や、住宅スプロールのコントロールを目的とした「西部開発事業」とともに、藤沢市の都心形成を目的とした藤沢駅前に関する事業の「藤沢駅前南部改造事業」「藤沢駅北口市街地再開発事業」も、藤沢綜合都市計画にかかる施策でした[7]。

一九六五年、百貨店がなかった藤沢市に初めての百貨店が進出しました。藤沢駅北口に藤沢さいか屋が開店したのです。藤沢駅北口は、かつての町場の中心地の方角に向いていることもあり、表玄関としての顔を持っていました。そこに加えて、市域初の百貨店の進出により、藤沢駅北口は人びとにさらなる存在感を与えました。

一方、藤沢駅南口の開発は、土地区画整理事業によって行われました。土地区画整理事業とは、道路や公園、河川等を整備し土地を整えていき、宅地の利用の増進を図るという事業です。平たく言えば、家が建っていなかった地域を住宅地として活用していけるように土地を整える事業のことですが、藤沢駅南口は、この手法を活用して開発事業が実施されました。事業が始まる前の藤沢駅南口は、国鉄、小田急、江ノ電の藤沢駅が結節する交通拠点であり、市の中心地区であるにもかかわらず、駅前広場は狭く、駅への道路も狭小で不十分な状態でした。藤沢市は、藤沢駅南口の現状を改良するため、藤沢市都市計画審議会駅付近改良計画専門委員会は、一九五七年一〇月に藤沢駅前南部改造事業として藤沢駅前と南側広場の改造を検討しました[(8)]。そして、同年に策定された藤沢市綜合都市計画に基づき、駅前広場、道路、公園といった公共施設の整備とともに、商業地や住宅地としての基盤を整備し、藤沢駅周辺地区を充分な都市拠点とするため、土地区画整理事業手法を適用した「藤沢駅前南部土地区画整理事業」に着手したのです[(9)]。

この藤沢駅南口が関わった藤沢駅前南部土地区画整理事業は、一九五九年（事業着手は一九六〇年）から一九八二年にかけて実施され、当時の藤沢駅南口の駅前広場に面する街区を防災街区とし、地権者との共同による再開発ビル化を進めていきました[(10)]。そして、この藤沢駅前南部土地区画整理事業に大きな影響を受けたのが江ノ電でした。当時、江ノ電の藤沢駅は国鉄・小田急の藤沢駅の端に接する形で建っていました。また、江ノ電バスの藤沢営業所も藤沢駅構内で営業されていました。国鉄・小田急・江ノ電と三つの路線をもつ藤沢駅発着のバス便は多く、商店が密集していた藤沢駅南口は、十分なスペースもない駅前にバスが頻繁に出入りするという状況でした。このため、広い駅前広場の整備が必要であり、江ノ電は藤沢駅と江ノ電バス藤沢営業所の移転を求められたのです[(11)]。

一九六七年六月六日、江ノ電は、バスの藤沢営業所と車庫および整備工場を鵠沼海岸に移転します。そして、藤沢駅については、何度も協議を重ねた結果、広い駅前広場を整備するため、約一〇〇メートルの後退を承諾しました。その最大の条件が、国鉄および小田急線の藤沢駅と江ノ電の藤沢駅を高架連絡橋で結ぶというものでした。回廊で結ばれた南口駅前の創出です。ここに、人びとに親しまれた江ノ電・藤沢駅は取り壊され、跡地はバスやタクシーのターミナルへと生まれ変わっていったのです(12)。

LOVE FUJISAWA—江ノ電百貨店の開店

駅舎の後退を機に江ノ電が得た事業用地は、減歩により縮小されてしまいました。そこで、新しい土地を有効活用するため立体的にすることが求められました。藤沢駅南口商業圏の拡大を見込み、ビルを建設し、百貨店を誘致する、あるいは経営をするという意見が多く出たことにより、江ノ電は駅ビルを建設し、そして藤沢駅を高架化することを決定しましたが、これは国鉄藤沢駅の橋上駅舎化構想が発表されたことが契機であったようです(13)。

江ノ電第一ビルと江ノ電第二ビルの建設という大きなプロジェクトが動き出しました。一九七三年三月三日には、小田急電鉄と小田急百貨店および小田急商事による資本参加もあり江ノ電ビル会社が設立されます。当初ビルには小田急百貨店および小田急商事との共同出店も視野に入れられていましたが、小田急百貨店が新原町田（現・町田）駅ビル内に出店の準備を進めていたこともあり、最終的には江ノ電ビルによる一括営業が望ましいという方向になり、一九七三年一〇月一日に社名が江ノ電ビルから、江ノ電百貨店に改められました。そして、一九七四年五月二五日、「LOVE　FUJISAWA—いま、新しい愛の始まり、藤沢の熱い日。」というキャッチフレーズとともに、江ノ電百貨店が開店したのです(14)。

時が前後しますが、江ノ電百貨店の開店より以前、藤沢駅前南部土地区画整理事業による整備が進むにしたがって、藤沢駅南口には大型商業ビルや大規模スーパーマーケットが競うように出店し、すでに商業の一大激戦区の様相を呈していました。そこに、藤沢駅南口にも江ノ電百貨店という待望の百貨店が進出したわけです。江ノ島電鉄の社史『江ノ電の一〇〇年』では、この頃の様子を「藤沢駅南口は、駅前広場の整備と大型百貨店の進出により新宿や横浜駅前を彷彿とさせるほどに変貌を遂げ、全国的も高水準の一大商業圏を確立した。」(15)と綴っています。いくつもの商業ビルや大型店、そして百貨店と建ち並ぶ藤沢駅南口には、これまで表玄関となっていた北口から、人びとが流れてくるようになりました。さながら南北逆転の様相を呈していたのです。

北口市街地再開発事業

その状況に藤沢駅北口側の商業施設は危機感を持っていたと考えられますが、北口にも開発の動きは起こっていました。一九七三年（昭和四八）九月、県都市計画地方審議会が藤沢駅北口市街地再開発事業を可決したのです(16)。そして、新たに建設される再開発ビルの核となるテナントに高島屋を誘致するという案に対し、賛成・反対両派が起こりましたが、反対派の理由は、藤沢駅周辺の激しい商業戦線にありました。いくつもの大型店が熾烈な競争を展開している現状から、高島屋の誘致を是としなかったのです[17]。両派の反対運動が収まらないなか、一九七五年八月に藤沢駅北口再開発ビルは着工となりました。しかし、その後も両派の調整は叶わず、高島屋は一度は出店を表明したものの、一九七七年初めに出店表明を撤回するに至りました。暗礁に乗り上げた藤沢駅北口再開発ビルの問題の解決に向けて、同年六月、藤沢駅北口再開発ビル核テナント調整委員会が発足し、核テナントには、北口に一九六五年に開店していたさいか屋が入ることで落ち着き、一九七八年一一月、サンパール藤沢と名づけられた藤沢駅北口再開発ビルが落成し、さいか屋が移転開業しました。翌一九七九年九月には、藤沢駅北口のシンボルでもある広大なデッキ・サンパール広場（藤沢駅北口ペデストリアンデッキ）も完成し、藤沢駅北口市街地再開発事業は終了し、時を同じくして、サンパール藤沢に移転した旧さいか屋ビルには、丸井藤沢店が開業しました。翌一九八〇年六月には、国鉄藤沢駅が橋上化され、藤沢駅南北自由通路も完成し、大壁画「湘南賛歌」も掲げられました[18]。

新たな街づくり

東海道線、小田急線、江ノ電という鉄道三線の結節するターミナルである藤沢駅は、商業地と住宅地が混在したエリアです。北口・南口、その両方の開発から時が経ち、今また駅前を見直す時期を迎えています。現在の藤沢市の都市計画が示された「藤沢市都市マスタープラン」のなかで、強く意識されていることは、商業や業務、サービス機能や文化・交流機能などの機能を集積し、拠点性を高めた整備をすることを目的に、老朽化や耐震問題により建て替える公共施設や大規模な民間の建造物などについては、周辺の活力維持・向上につながる機能・土地利用を誘導し、湘南の中心地としての都市空間形成をめざすということです[19]。

また、藤沢駅周辺において、積極的に謳われていることは、「回遊」です。駅周辺の商店街や遊行寺・旧藤沢宿、公共施設等を楽しみながら回遊できる街づくりを行い、地域全体に賑わいや交流が生まれるようにしようというもので、そのために安全に回遊できる生活道路など道路整備を行い、さらに回遊したくなるネットワークを作っていくことなどが盛り込まれています[20]。

かつての藤沢駅前南部土地区画整理事業は、藤沢駅南口を活性化させ、そして、「藤沢駅前」の賑わいと拡大だけでなく、駅周辺地域をも、それ以前より大きく拡げました。藤沢駅南口から徒歩一〇分ほどの距離にある、一九五五年に開設した藤沢市秩父宮記念体育館や一九六八年に開館した市民会館などは、そこまでの道筋に商業施設が建ち並び、また空中回廊が設置されたことで、拡大した「藤沢駅周辺」に含まれるようになったと言えるでしょう。

藤沢駅から海岸方面に途切れることなく続く街並みのなか、線路脇に片側のホームで、行き交う車を眺めながら、電車を待っている江ノ電の石上駅あたりも、藤沢駅周辺といえる地域になっています。

開発された街区と異なり、古くから発展した地域には自然発生的に住宅地が建ち並んでおり、その地域には、曲っている、狭い、そして行き止まり、といった道路がみられます。今後は、防災の観点からも整備について話し合われていくことでしょう。高度経済成長期以降、藤沢駅周辺は北口開発、南口開発、そして、北口再開発と大きな開発の歴史を繰り返してきました。今また、新たな都市計画のなかで再開発が検討されています。この先、どのような顔をみせてくれるのか、藤沢駅前や駅周辺地域は、近い将来も大変楽しみなエリアと言えるでしょう。

【註】

(1)伊藤隆・尾崎春盛編『尾崎三良日記（上）』（中央公論社、一九九一年）三六八頁
(2)伊藤隆・尾崎春盛編『尾崎三良日記（中）』（中央公論社、一九九一年）一三二頁
(3)前掲『尾崎三良日記（中）』一三六頁
(4)小田急電鉄株式会社社史編集事務局編『小田急五十年史』（小田急電鉄株式会社、一九八〇年）七八八～七九二頁
(5)本宮一男「小田急江ノ島線の開通」（続・藤沢市史編さん委員会編『回想の湘南　昭和史五〇選』所収、藤沢市文書館、二〇〇九年）二五頁
(6)藤沢市都営計画建築部都市計画課編『藤沢市都市マスタープラン　二〇一八年（平成三〇）三月』（藤沢市、二〇一八年）七頁
(7)前掲『藤沢市都市マスタープラン　二〇一八年（平成三〇）三月』一二頁
(8)「藤沢市歴史年表（一九五七・一〇・二三）」（藤沢市文書館ＨＰ）http://digital.city.fujisawa.kanagawa.jp/introduction/history/list.php（二〇一八・七・八閲覧）
(9)「藤沢駅前南部土地区画整理事業」（藤沢市ＨＰ）https://www.city.fujisawa.kanagawa.jp/tosei/

machizukuri/tochi/kukaku/shikozumi/ekimaeminami/index.html（二〇一八・七・八閲覧）

⑽「藤沢駅前南部土地区画整理事業」（藤沢市ＨＰ）https://www.city.fujisawa.kanagawa.jp/tosei/machizukuri/tochi/kukaku/shikozumi/ekimaeminami/index.html（二〇一八・七・八閲覧）

⑾江ノ島電鉄株式会社開業一〇〇周年記念誌編纂編『江ノ電の一〇〇年』（江ノ島電鉄株式会社、二〇〇二年）二一八―二二二頁

⑿前掲『江ノ電の一〇〇年』二一八～二二二頁

⒀前掲『江ノ電の一〇〇年』二一九～二二二頁

⒁前掲『江ノ電の一〇〇年』二一九～二二二頁

⒂前掲『江ノ電の一〇〇年』二二一頁

⒃「藤沢市歴史年表（一九七三・九）」（藤沢市文書館ＨＰ）http://digital.city.fujisawa.kanagawa.jp/introduction/history/list.php（二〇一八・七・八閲覧）

⒄本宮一男「藤沢駅北口にさいか屋開店」（前掲『回想の湘南　昭和史五〇選』所収）一三一～一三五頁

⒅「藤沢市歴史年表（一九八〇・六・一）」（藤沢市文書館ＨＰ）http://digital.city.fujisawa.kanagawa.jp/introduction/history/list.php（二〇一八・七・八閲覧）

⒆前掲『藤沢市都市マスタープラン　二〇一八年（平成三〇）三月』七六・九六・一〇〇頁

⒇前掲『藤沢市都市マスタープラン　二〇一八年（平成三〇）三月』一〇〇～一〇一頁

第三章　憧憬の鵠沼《くげ》

――開発分譲型別荘地の嚆矢

別荘時代の松林と江ノ電

藤沢市の一三地区区分

藤沢市には、一三地区区分という地域分類があります。一九七三年（昭和四八）ごろから具体化され、藤沢市の統計資料における地域分類として、一九八一年から採用されています。一三地区とは、①片瀬、②鵠沼、③辻堂、④村岡、⑤藤沢、⑥明治、⑦善行、⑧湘南大庭、⑨六会、⑩湘南台、⑪遠藤、⑫長後、⑬御所見の各地区です。しかし、②鵠沼地区に、鵠沼の一部は入っておらず、それは藤沢地区に入っています。鵠沼は、同じ町でありながら、②鵠沼地区と⑤藤沢地区のふたつに分かれているのです。他にも、例えば、西俣野は⑦善行と⑨六会のふたつに分かれ、遠藤は⑧湘南大庭と⑨六会と⑪遠藤の三ヵ所に分かれているなど、いくつかの町にみられます。藤沢市にこのような地域分類が採用されることになった背景を考えてみましょう。

新しい地域分類が具体化された一九七三年に至るまでの時期に、日本は飛躍的に経済規模が拡大した高度経済成長期と呼ばれる好景気が続いた時期を過ごしていました。また、その中盤には、東京オリンピックの開催もありました。一九六四年の東京オリンピックは、単にスポーツの祭典、国際大会の開催地であるだけではなく、敗戦によって連合国の占領下におかれた日本という国が、一九五一年にサンフランシスコ講和条約に調印し、その後、国際的にも経済的にも完全に復興したことを世界に示す意味を持っていました。そのためオリンピックの開催国に決まると、東京を中心とした首都圏では、大規模なインフラ整備が必要になりました。首都高速道路や幹線道路の整備、そして様々な施設など市街地を中心に建設ラッシュとなりました。しかし、新たな建造物や道路整備は、かつての町の区域と実際の土地利用との間に、目に見える誤差を生んでいきました。例えば、道路付けの改変や駅の開業により、人の流れが変わることも多く、学区外の小学校のほうが近い、あるいは通学しやすいということも起こってきました。そのような意味において、これまでの町の境界が不適切になることもありました。

また、当時の住所は地番表示でしたが、土地につけられた地番は複雑で、必ずしも順番通りには配置されていませんでした。そのため住所から目指す目的地に辿り着くことが困難な場合もありました。建設ラッシュによる町の変貌は、その問題に拍車をかけることになってしまったのです。そこで、現状の問題に即して採られた施策が、一九六二年の「住居表示に関する法律」（昭和三七年法律第一一九号）の制定でした。この法律は、合理的な住居表示を実施するためのルールや手続き方法を定めたもので、街区を設定し、その中で、右回りに番号をつけていくことにより、同じ地番の中に複数の住居がある場合でも到達を可能にしたものだったのです。住居表示に関する法律の制定により、町が再編成され、各地で「○○町××番地」が「○○（町）△丁目×番地」というように住居表示がなされていったのです。但し、地番がなくなったわけではありません。法務局で行われる登記などは、現在も地番で管理されています。

鵠沼村と町の再編

次に近代以降の鵠沼がどのように再編されていったのかをみてみましょう。鵠沼は古代の文書にも地名が確認できる古い歴史をもつ地域で、一八八九年（明治二二）の市制町村制の施行において、単独で鵠沼村という自治体を形成します。そして、一九〇八年に鵠沼村は藤沢町と合併し、一九四〇年（昭和一五）に藤沢町が市制施行すると、藤沢市鵠沼となりました。鵠沼村（鵠沼）がどれほど広大だったのかは、一九六二年に制定された住居表示に関する法律以降に鵠沼から生まれた新たな町を辿ることでわかります。

鵠沼から最初に分割された新しい町は、一九六四年の鵠沼松が岡一～五丁目、鵠沼海岸一～四丁目で鵠沼の南部に位置する海岸に近い地域でした。その後、鵠沼藤が谷一～四丁目、鵠沼桜が岡一～四丁目、鵠沼神明一～五丁目、本鵠沼一～五丁目、鵠沼海岸五～七丁目、本町一～四丁目、川名一～二丁目、辻堂太平台一～二丁目、藤沢一～五丁目、鵠沼花沢町、鵠沼橘一～二丁目、鵠沼石上一～三丁目、鵠沼東、南藤沢と新しい町の全て、あるいはその一部を分割しています。[(1)]

一九六〇年代の時点で、鵠沼は、すでに町の境界と実生活との間に誤差が起きていた地域があり、住居表示の実施による町の再編には、それを是正する目的もあったはずですが、人びとには長く住み続けた土地への愛着も、また共同体として様々な事柄が運営されていた地域もあり、町の分割・合併は機械的にできるものではありませんでした。そうした結果、町域の変更が困難なところはそのままにして、行政運営の単位として藤沢市が採用したものが実生活に則した区分である一三地区区分だったと考えられます。前置きが長くなりましたが、統計データを利用するにあたり、少し広域ではありますが、一三地区区分の鵠沼地区から、現在の鵠沼がどのようなところかみてみましょう。

二〇一五年（平成二七）一〇月一日現在の藤沢市の人口は、四二万四一〇三人で、神奈川県内では横浜市・川崎市・相模原市に次いで四番目です。人口密度では六〇九六人／平方キロメートルで、県下では六番目となっています。[2]それを一三地区区分に分けてみてみると、鵠沼地区が一番多く五万五三六九人で、市全人口の一三・一パーセントを占めています。また、人口密度も鵠沼地区が最も高く、一平方キロメートル当たり、九七一四人を数えています。[3]これは二〇世紀終盤の一九九九年の統計においても同様であり、人口は鵠沼地区が四万八三五〇人で市全人口の一二・八パーセントで一番多く、人口密度も八七一一人でやはり最も高い数字を示しています。[4]これらの数値から、現在の鵠沼地区は市域随一の住宅地であり、かつ人口密度も高くなっていることから、近年さらに人気を集めている地区であることが想像できます。

次に、鵠沼がどのようなところであったのか、すこし時代を遡ってみてみましょう。江戸時代の鵠沼は、享保年間に海岸沿いに幕府の大筒（大砲）実射場が設置され、幕府鉄砲組の逗留費用などの村民負担、また漁業権や入会地引網漁場をめぐる争いが起こるなどの歴史がありました。[5]基本的には半農半漁の村で、名所もなく人びとが来訪する行楽地としての性格は持っていなかったようです。一例を挙げれば、寛政年間（一七八九―一八〇一）に刊行された秋里籬島が著した『東海道名所図会　巻之六』は「江島弁財天女社」から始まり、江の島の島内を細かく記した後、龍口神祠、龍口寺、長者塚、固瀬川《かたせがわ》、西行顧松などを案内しながら鎌倉方面へと筆を進めています。

その後、藤沢宿に案内を戻しますが、遊行寺と小栗堂の解説をして東海道を戸塚に進み、鵠沼は描かれていません。[6] しかし、明治初期に政府が編さんを試みた『皇国地誌』によれば「砂丘からの眺望と南東部畑地にある松林」[7]を鵠沼の景勝地として挙げていることから、鄙びた様子ながらも風光明媚な要素に価値を見出していた向きもあったことがわかります。

鵠沼海岸別荘地開発

明治時代に入り、中期以降になると鵠沼には大きな変革が起きます。別荘地として新たな歩みを始めたのです。

鵠沼駅で江ノ電を降りると、駅前に賀来神社があります。境内には大きな碑があり、「鵠沼海岸別荘地開発記念碑」と刻まれています。記念碑には、一八八六年（明治一九）に、武蔵国川越の伊東将行がこの地を訪れ、鵠沼の地が郊外生活の好適地だと考えて移住をし、三觜直吉の協力のもと鵠沼館を建てたこと、翌年には地元の人びとと「武相倶楽部」をつくったこと、そして、一八八九年には、道路を開き、松を植えるなど海岸の開発に取り組んだことなどが記されています。鵠沼は、その価値を見出した先駆者によって、整備された黎明期の開発分譲型の別荘地なのです。

この時代、海岸の開発といえば海水浴場の開設が考えられます。鵠沼に海水浴場が開かれたのは、一八八六年のことで、藤沢在住の医師・三留栄三という人物が大きな役割を果たしたようです。三留は、「栄三は海水浴（当時は海湯治と云った）の効能に医師として大いに共鳴し、地元の人と協力して鵠沼海岸に海水浴場を開くため努力し、開場式を迎えた。」[8]と伝えられていますが、その開場式の日、海に入り心臓麻痺で死亡したといいます。その話から、鵠沼海水浴場の開設は、三留栄三の命日である一八八六年七月二九日と考えられています。鵠沼海岸別荘地開発記念碑と重ねて合わせれば、他所の人物である伊東将行が、鵠沼に郊外生活＝別荘地としての価値を見出し、三觜直吉や三留栄三ら地元の有力者たちと協力し、その年のうちに海水浴場の開設にこぎつけたことがわかるのです。しかし、開設した一八八六年には、鵠沼海水浴場はさして名を挙げることはありませんでした。そこで翌年、武相倶楽部を立ち上げ、更なる開発に取り掛かったのです。

武相倶楽部が設立された一八八七年に近隣の海浜地域で一番の話題となったのは、大磯に開業した旅館・祷龍館《とうりゅうかん》でした。祷龍館は海水浴を前面に売り出した豪華な旅館で、大磯海水浴場の名は広がりました。大磯海水浴場が開設されたのは二年前の一八八五年でしたが、この年までは盛況とは言えない状況でした。一八八五年と一八八七年との絶対的な差は、この地の交通事情でした。一八八七年は、七月に東海道線が横浜から国府津まで延伸し、大磯駅が開業した年なのです。海岸の近くに駅ができたため、東海道線で海岸のすぐ近くまで簡単に到達することができる大磯は、海への最上級のアクセスを武器に、マスメディアを使って宣伝に打って出る策が成功したのです。鵠沼海水浴場も開設した一八八六年には、未だ鉄道が通っていませんでした。しかし、藤沢駅が開業した一八八七年には、「午前六時四十五分新橋発の汽車にて九時半ん過ぎに八片瀬へ着すべし」[9]と東海道線を藤沢駅で下車し、そこから人力車を利用するというルートで、新橋から鵠沼と向かい合う片瀬まで三時間弱で到達すると新聞にも報道されています。つまり、大磯海水浴場の成功は、ひとり涛龍館が理由ではなく、鉄道の開通によって、東海道線沿線の海浜にほぼ等しく現れた成功だったのです。それを裏づけるのが、「今度横浜の或る紳士が発起にて相州高坐郡鵠沼村凡そ八十町歩ほどの処に海水浴を設けんとの計画ある由なるが同所ハ海浜にて塩浜にも適当なりとの事」[10]という新聞報道です。既に前年に海水浴場が開設されている鵠沼に新たな海水浴場開設計画を報じていることから、鵠沼海水浴場が成功し、賑わいを見せていたことが推測できるのです。

別荘地・鵠沼の発展

前述の『皇国地誌』によると、明治初期の鵠沼村の戸数は、三〇九戸、人口は一九二二人でしたが、明治中盤の一八九一年（明治二四）には、戸数が三七三戸、人口は二三〇二人に増加しており[11]、自然増加だけではなく、移入があったことが推察できる数字を示しています。一八九二年に刊行された野崎左文の『全国鉄道名所案内』には、「鵠沼海水浴場」と題して、次のような紹介文が記されています。

鵠沼海水浴場は藤沢停車場を距る二十余町の海浜に在り、浜は一面の砂地にして稚松処々に生じ、岸は遠浅にして水清く波静かなれば婦女子の水浴を取るには最も適当にして少しも危険の恐なし。此地紳士紳商の別荘の他に待潮館、鵠招館二軒の旅亭ありて東に江之島を軒の内に望み、前は渺茫たる太平洋に面し風景稍や賞するに足る。二館定めの宿料は一泊三十銭以上五十銭以下、昼食は十五銭より二十五銭迄にして停車場より鵠ヶ沼までの人力車賃は片道八銭を定めとす(12)。

「稚松処々に生じ」とは、「鵠沼海岸別荘地開発記念碑」に刻まれた、伊東将行と地元の有力者らが道路を開き、新たに松を植えるなど海岸の開発に取り組んだことの結果でしょう。また、この記事には、鵠沼に「紳士紳商の別荘」があるということが記されています。それから六年後の一八九八年に発行された『風俗画報』では、江の島・鵠沼・逗子・金沢が特集され、鵠沼について「明治二十四年。大隈伯爵が一たひ暑を此地に避けられしより。鵠沼の名は漸く江湖に伝はりて。遊客毎年踵を接して来る。方今は蜂須賀、高崎、田中、伊東等諸家の別荘個数は十四、五ケ所あり。皆茅屋にして閑雅愛すべし」(13)と案内されています。大隈重信が玄洋社員によって投じられた爆弾によって右足を負傷し、切断に至った事件は一八八九年に起きており、「明治二十四年」の避暑とは、大隈重信が政界を一旦退いていた時期のことです。当時の別荘は、まだ一四軒か一五軒というまばらな状況で静かな別荘地であったことがわかります。

その後、一九一二年に刊行された大橋良平の『現在の鎌倉』に収録されている別荘一覧からは一転して鵠沼に藤堂高紹（伯爵）・大給近孝（子爵）・長谷信義（子爵）・四條隆平（男爵）・益田信世（三井社員）・郷誠之助（東株理事長）ら、華族、文武官、実業家など八〇軒の別荘を数えることができます[14]。大変な発展ですが、この発展の理由はどこにあるのでしょうか。『風俗画報』の記事との間に一四年の歳月がありますが、その間に起きたこの地における変化は、一九〇二年に江ノ電が開通したことです。かつては、東海道線を藤沢で降り、人力車に乗り換えていたものが、江ノ電の開通により、鵠沼が別荘の玄関口となったのです[15]。一九〇七年に江ノ電が大町まで延伸し、横須賀線の鎌倉駅からのアクセスが加わったことが、さらに優良な条件となったことは言うまでもありません。

鄙びた半農半漁の村でしたが風光明媚な景色を有する鵠沼の地は、別荘地としての価値を見出されて開発が始まり、一八八七年の東海道線延伸により発展のきざしが見え、やがて江ノ電の開業・延伸によるアクセスの飛躍的な向上により、別荘地として、広くその名を知らしめることになったと言えるでしょう。

鵠沼の地域イメージを語るものとして別荘のほかに、東屋（東家）旅館があります。東屋旅館は明治中盤、伊東将行の創業になるもので、一九三九年（昭和一四）まで営業していました。鵠沼海岸近くに広大な敷地を持つ割烹旅館で、庭には池もあり船遊びもできたといいます。この東屋旅館が鵠沼を語るキーワードとなるのは、ここがサロンのような存在となり文学者たちが交流

相州鵠沼東家旅館庭内（絵葉書）

をしていたからです。別荘を構える華族や財界人といった上流階級の世界と同時に、多様なイメージがある文学者らが逗留し交流している東屋旅館が併存する鵠沼は、やはりセレブリティという言葉が強く響く地と言えるでしょう。

　別荘地として、そして文学者たちのサロンとして著名だった鵠沼ですが、時は巡り、やがて、この地も住宅地へと変貌を遂げていきました。敷地も別荘時代のように広大なものばかり、ということではなくなり、集合住宅もあります。それでも別荘地だった名残は各所に残り、なにより記憶のなかにある鵠沼という地域が持つイメージは、人びとに消えない憧憬を与え続けているのではないでしょうか。

【註】

(1)角川日本地名大辞典編纂委員会編『角川日本地名大辞典　一四　神奈川県』(角川書店、一九九一年)

(2)藤沢市総務部文書統計課編『統計年報　二〇一六年(平成二八年)版』(藤沢市、二〇一七年)三二頁

(3)前掲『統計年報　二〇一六年(平成二八年)版』三四頁

(4)藤沢市総務部文書統計課編『統計年報　二〇〇〇年(平成一二年)版』(藤沢市、二〇〇一年)三二頁

(5)前掲『角川日本地名大辞典　一四　神奈川県』

(6)葵文会翻刻葵文庫『東海道名所図会(下冊)』(吉川弘文館、明治四三年)

(7)前掲『角川日本地名大辞典　一四　神奈川県』

(8)藤沢市医師会「藤沢医史」編纂委員会編『藤沢医史』(藤沢市医師会、一九八四年)

(9)『読売新聞』一八八七年八月一一日

(10)『読売新聞』一八八七年一〇月二二日

(11)前掲『角川日本地名大辞典　一四　神奈川県』

(12)野崎左文『全国鉄道名所案内』(厳々堂、一八九二年)七二頁

(13)『風俗画報』一七〇号(一八九八年八月二〇日)一七頁

(14)大橋良平『現在の鎌倉』(合資会社通友社)一九一二年

(15)島本千也「湘南の別荘地化——鵠沼地区を中心にして——」(「湘南の誕生」研究会編『湘南の誕生』所収、藤沢市教育委員会、二〇〇五年)五五頁

第四章　大東京の風景地と湘南海岸

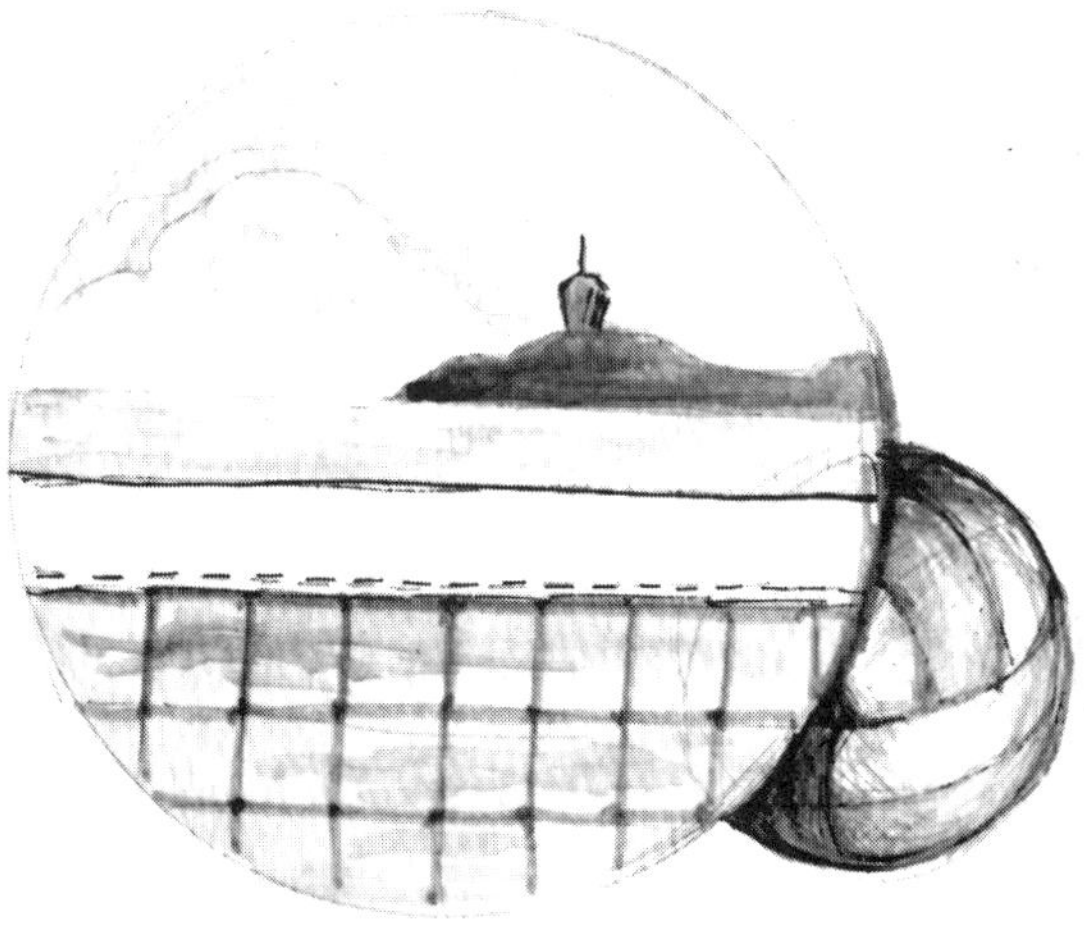

ビーチバレーと江の島

湘南海岸公園

江ノ電の湘南海岸公園駅は、開業当時、「西方《にしかた》」という駅名でした。現在でも、藤沢駅と江ノ島を結ぶバス路線に「西方」という停留所があり、名残をとどめていますが、江ノ電では、一九五八年（昭和三三）一二月一日、駅名を湘南海岸公園に改称し、これにより江ノ電は現在と同じ駅名を持つ路線となりました。

駅名の改称の契機となった県立湘南海岸公園は、一九五七年一一月一日に開設され、その後、多くの施設が設置され、一九六〇年に完成しました。現在の湘南海岸公園は、次のように説明されています。

湘南海岸公園は、片瀬海岸・鵠沼海岸と国道一三四号とに挟まれた、ほぼ東西に細長く、約一・六キロメートルに亘って広がる相模湾に面する県立広域公園で、東側方向は目の前に江の島が浮かび、西側方向には相模湾を囲む箱根連山や晴れた日には富士山が望める眺望に優れた公園であるとともにサーフィンやライフセービング活動、ビーチスポーツのメッカとして、県民のみならず首都圏各地から多くの利用者が訪れている。本公園は「新江ノ島水族館」を中心に、江の島との回遊利用が行われ、多くの観光客でにぎわう東部地域、ゆったりと海を眺めることができる開放的なテラスや芝生広場などが整備された中部地域、公園の管理運営拠点等であるサーフビレッジや噴水広場等がある西部地域で特徴づけられる[1]。

雄大な眺望、海浜スポーツ、回遊可能な行楽、とコンパクトに観光の要素が盛り込まれおり、かつ首都圏にあるという立地条件から人気を集めている公園です。

神奈川県のホームページにも、「昭和三二年一一月一日開設」と記されている湘南海岸公園ですが、この公園には前史があります。湘南海岸公園が、この地に開設された背景から辿ってみましょう。

この地に公園を作ろう、という動きは昭和戦前期に実施された湘南地域開発事業に含まれるものでした。事業は、①県営上水道の敷設、②湘南遊歩道の建設、③湘南海岸公園の建設という三本柱となっていました。寒川村を水源地とする県営湘南水道計画は一九三六年までに工事は完了し、目標を達成しています。また、湘南遊歩道は現在の神奈川県道片瀬大磯線の建設に関わるもので、上水道と同じく一九三六年に湘南大橋も含めて完成しています。この遊歩道は緑地帯や乗馬道も備えたものでした。上水道と遊歩道は、比較的順調に事業が進みましたが、湘南海岸公園の建設は難航しました。そして、戦前には完成をみることなく、その整備は戦後へと引き継がれていきました[2]。

山県治郎の湘南地域開発構想と「大東京の風景地」

このように昭和戦前期から、湘南海岸公園の設置は計画されていたのですが、公園の建設には、どのような意図があったのでしょうか。当時の神奈川県知事・山県治郎が一九三〇年（昭和五）に発表した開発策をみてみましょう。

藤沢、茅ヶ崎、平塚海岸地方は、勿論海水の悪影響を受けて居る。さればこそ、此等地方に一貫した大上水道計画が必要にも成つて来る。かくて地方計画上重要なる一施設を全ふせねばならぬ。次は交通系統の充実である。現に各種交通機関は、湘南に向つて殺到して居る状態だ。従つて此処に鬱然として起つて来る処の、乱雑なる湘南地方小都市を大都市の外郊として其の体を如何に統制するべき哉が重大なる問題になって来る。そこで此の統制を支配する重要なる処置は、一に懸つて自由空地の確立、即ち緑地網の設定と、地域制の限定に外ならぬ。之れ即ち湘南の湘南たる所以であろう(3)。

当時、湘南エリアに向かう鉄道路線が次々と敷設されていました。一九二一年（大正一〇）の相模鉄道（茅ヶ崎・寒川間）、一九二九年の小田急江ノ島線、一九三〇年の湘南電鉄（金沢八景・湘南逗子間）などです。交通の発達は、住宅・商業・工場など様々な開発を呼び寄せます。「乱雑なる湘南地方小都市を大都市の外郊として其の体を如何に統制するべき哉が重大なる問題になって来る。」という文章は、開発の波が押し寄せるこの地を、どのような地域にしていくのか、そのために開発をどう主導していくのかということが大きな問題であることを訴えています。湘南はどうあるべきかという強い意識のもと、前述の①県営上水道の敷設、②湘南遊歩道の建設、③湘南海岸公園の建設を三本柱とする湘南地域開発事業へと繋がっていったのです。

また、「そこで此の統制を支配する重要なる処置は、一に懸つて自由空地の確立、即ち緑地網の設定と、地域制の限定に外ならぬ」と山県治郎の述べる言葉のなかにこの地がめざす姿が描かれています。湘南においては、緑地網の設定と地域性の限定を実施し都市としての体裁を整えることが重要で、つまり「風致地区」を活用し、「美観地区」として開発し、湘南らしさを守るという考え方が示されていることが注目されるところです。これは、「『乱雑なる湘南』という様相が顕れてきたという事態に対し、県が開発に秩序を持たせていくことで、風光の地と賞されてきた湘南の湘南らしさを守ろうとする構想」[(4)]と考えることができるのです。

山県治郎の開発策と同じ頃、内務省では、東京緑地計画が協議されていました。東京緑地計画は、緑地帯や景園地も含めた大東京の都市計画で、エリアは東京府全域と神奈川県、埼玉県、千葉県の一部におよぶ広域なものでした[(5)]。東京緑地計画において、神奈川県でも湘南海岸などが景園地に決定し、「大東京の風景地」たるべき役割が課せられました[(6)]。山県治郎の湘南地方に節度ある開発計画が必要であるという構想は、内務省の「大東京の風景地」という構想の中でも湘南らしさを活かした開発として合致するところなのです。戦前の湘南海岸公園計画は、この理念のもと構築されていきましたが、東京オリンピックの中止、戦争による財政難などから計画の多くは中断を余儀なくされてしまったのです。

湘南海岸公園整備概要のめあて

終戦後、一九五六年（昭和三一）四月に神奈川県は、「湘南海岸公園整備概要」（以下、「整備概要」）[7]を発表します。当時発生していた様々な問題の解決を図るためにも湘南海岸公園を建設するということが述べられていました。「整備概要」には解決すべき問題のひとつは、海水浴場の大混雑を解消することで、片瀬東浜海水浴場は、快適な海水浴場としての条件（汀線一メートルあたり、一〇～一二人）の約一〇倍となる人出を記録しており、「その雑踏ぶりは芋を洗うという形容そのままを呈している」[8]という混雑状態でした。また、海水浴客や江の島への観光客が増え、海岸線を結ぶ道路が混雑しているにもかかわらず、十分な駐車場がないため路上駐車をする車が後を絶たず、その結果、各所で交通障害が生まれていたことも大きな社会問題になっていました。「整備概要」では、近年新設された片瀬西浜海水浴場を整備し、新たに駐車場を設置するとしており、これによって、海水浴客の分散と交通障害という両方の問題解決を図ろうとしていたのです。

「整備概要」は公園の設計において以下の点に意を用いたことも述べています。まず、海岸部分については、海水浴場としての利用と地曳網の操業を考慮して、海浜砂地を自然の姿で残そうとしています。さらに公園の苑地からどこからでも海浜に降りられるよう護岸を階段状に設計し、階段の中段に幅一・二メートルの広い踏面部分を設けています。これは、海岸線に並行してのびる遊歩道として利用できるよう考えられたものです。また、湘南道路に並行して道幅一〇メートル、延長一・二キロメートルの公園道路を、既存の松並木をそのまま残し、約四メートルのグリーンベルトを挟んで設置しています。この公園道路は遊歩道として使用する目的で造られているのですが、来訪者が集中して駐車場に収容しきれない車両がでたときには、臨時駐車場として利用するという第二の目的もあったのです。

湘南海岸公園は当時発生していた様々な問題を解決する施策としての公園建設であると同時に、海浜砂浜や松並木を保生しできるだけ自然の形で残す努力もしました。広大な緑地帯を造成し、海岸を眺めながら、ゆったり歩ける遊歩道を設置するなど、神奈川県は戦前からの構想である「湘南らしさ」を守りながら、湘南海岸公園を建設していったのです。

東洋のマイアミ

湘南海岸公園は広大な海浜公園であり、日本において、まだ例のない公園でした。そのスケールの大きさに比例し、建設費用も総額一〇億を超えるという莫大なもので、この計画は知事執行の都市計画公園事業（一九五四年度（昭和二九）および一九五五年度の二ヵ年継続）の特許事業として実施されることになりました[9]。特許事業というのは、都市計画法の規定により、都道府県知事の認可を受けて、民間業者が都市計画施設の整備に関する事業を施行するものです。特許事業は、すでに開設されていたものも含めて、江ノ電江ノ島オートパーク（江ノ島鎌倉観光／一九五一年五月）、小田急ビーチハウス（小田急電鉄／一九五六年五月）、東急江の島レストハウス（東

第171号　昭和32年7月25日　広報藤沢　(2)

1957年 江の島マイアミショー開く

海浜ビューティショー

スター・歌手のマイアミの祭典

写真コンクール

マイアミパレード

マイアミビーチ

江の島花火大会

今度こそ受けよう チフスの予防注射

広報クイズ

防犯に万全

結核健康診断

観光施設訪問 連日満員の盛況 大安のヘルスセンター

藤沢市の人口 7月1日現在

ゆかりの人々 郷土の偉人 小川泰堂 藤沢太郎

『広報藤沢』171号（昭和32年7月25日）、藤沢市文書館所蔵

京急行電鉄・東急観光／一九五六年七月）、江の島マリンランド（江ノ島水族館／一九五七年五月）、えのしまへるすせんたー（大安興業／一九五七年六月）、小田急シーサイドパレス（小田急電鉄／一九五八年七月）と湘南海岸公園の施設は次々と整備されていきました。

この頃から、藤沢市は海岸地域を「東洋のマイアミ」と呼び、観光地として売り出し始めます。湘南海岸公園は、その象徴として大きな役割を果たしたことでしょう。一九五七年に湘南海岸公園を紹介した新聞記事があります。

いつまでも丸太にヨシズ張りの海水浴場でもあるまいと、バタ—くさいまでにモダンな海水浴場が出来ようとしている。松の枝越しに海岸の風景を楽しむドライブウェイ、近代的なビーチハウスと広いモータープール。その名も〝東洋のマイアミ〟という。神奈川県藤沢市の片瀬海岸がそれだ。……〝東洋のマイアミ〟を目指すだけに名前まですべてアチラ式になる。駐車場はオートパーク、水族館の別館がマリンランド、その他ビーチハウス、レストハウス、ヘルスセンター等々。……児童プールは周囲を砂地として海水を入れ、海に入れない子供たちも海水浴を味わえるという趣向。各社のビーチハウスはいずれも鉄筋コンクリート造りで、洋式ホテル風の個室で一日二千円という中流以上向きのものから、荷物預り、休憩、シャワー、フロの一切で一人百円の大衆向き、あるいは畳の間と潮風にうたれて温泉につかる百円温泉型などそれぞれ特色を出している。これら本格的ビーチハウスと並んで海の家も丸太にヨシズ張りは一切ご法度で、全部パイプとパネルを組立てた開放的なスマートなものを建てるという。さらに県立野外劇場などの計画もある。内山知事の構想ではさらに外国資本も大に導入してホテルを次々と建設し名実ともにマイアミ・ビーチに匹敵するものにしたいという[10]。

ここに描かれている東洋のマイアミは、底抜けに明るく、楽しく、そして、ハイカラな海浜です。年一回という条件が付いた上での海外旅行の自由化は一九六四年（回数制限の撤廃は一九六六年）であり、この時期は一般の人びとは、現代のように気軽に海外に行くことなどは思いもよらないことで、それこそ「一生に一回」あるかないかの大旅行だったでしょう。多くの人びとは海外とは映画や出版物で接し、想いを馳せるしかなかった時代なのです。湘南海岸公園に行けば、東洋のマイアミを体験できる、この地に描かれた夢は、そういったものだったのかもしれません。

世界では一九五六年頃から、国際的な姉妹都市提携が盛んになり、東洋のマイアミで海岸地域を売り出していた藤沢市は、アメリカ・フロリダ州マイアミ市と姉妹都市提携を模索しますが不調に終わってしまいます。しかし、その後、一九五九年になって同じアメリカ・フロリダ州のマイアミビーチ市と姉妹都市提携を結ぶことになりました。これ以降、藤沢市の海岸地域のキャッチコピーは「東洋のマイアミビーチ」へと変っていきました。

環境悪化との闘い

藤沢市は南部のリゾート開発路線を積極的に推進していきました。しかし、高度経済成長が進むにしたがって都市化が進み、市域の緑地は減少していきました。住宅地の拡大による生活排水と周辺に進出した工場など事業所からの廃水などにより、水質汚染も深刻な問題になってきました。加えて、様々な建造物により、河川から海岸に流れ込む土砂量が減少したことから海岸線が後退するなど景観についても問題が発生してきました[11]。

一九六九年（昭和四四）六月二三日、厚生省（当時）は、「江の島海岸は海水浴には適さない」という発表をしました。この発表は、藤沢市に激震を起こしたことでしょう。藤沢市を象徴する観光資源である湘南海岸という財源を失うに等しいことだからです。それまでも自治体や町内会など多くの人びとが河川浄化に取り組んできましたが、熱心な活動も追いつかないほど環境悪化のスピードは著しいものでした[12]。環境に対する意識がさらに高まっていくなか、海岸の環境悪化による逆風に加えて、一九八〇年代に入ると、かつて人気を集めた湘南海岸公園のレジャー施設も老朽化し、また近隣にも同様の施設が開設されていったことから、徐々に当初の勢いは失われていきました。

この状況に対し一九八三年には、湘南海岸地域整備構想策定委員会が組織され、県民シンポジウムや地域研究会が幾度も行われました。そして一九八四年には神奈川県知事および湘南に関連する市・町長が集まり、湘南なぎさサミットが開催されました。湘南の海岸をどうしていくのかを広域で、そして様々な立場の人びとが集まり真剣に問題に取り組んでいくことになったのです。そして、一九八五年七月に、神奈川県・平塚市・藤沢市・茅ヶ崎市・大磯町による「湘南なぎさプラン」が発表されました[13]。この策定に関わった市町の該当エリアは、かつて山県治郎がたてた雄大な公園構想と一致しています。このことは五〇年の時を経てもなお、この地の景観に対する取り組みは色褪せていなかったことを示しています。

湘南なぎさプランと湘南海岸公園

湘南なぎさプランは、「豊かなみどりと美しいなぎさが生かされた、快適で過ごしやすい海岸文化ゾーン・湘南」を基本理念として、「二一世紀を展望した湘南海岸地域のあるべき方向」を定めた総合的整備計画です[14]。湘南なぎさプランに基づいた景観づくりを実施するための指針を記した『湘南なぎさデザインガイドライン』では、景観形成の基本として、「湘南の自然がつくりだす美しい景観を守り、育て、再生していくこと」と定めて、景観デザインを行う際に、「自然」「開放感」「眺望」「軽やかさ」「楽しさ」「物語性」という六つのキーワードを掲げ、それを活かして、各地区に特性を持たせた街づくりをめざしてきました[15]。

湘南海岸公園がある「片瀬西浜ゾーン」と「鵠沼ゾーン」は都市景観ゾーンとされ、この地は湘南なぎさプランの「文化・リゾートの拠点」として、優れた自然環境と都市機能と地域の個性的な文化の三つを融合させるという役割を負いました。当時の片瀬西浜ゾーンと鵠沼ゾーンの様子を「県立湘南海岸公園の緑とオープンスペース、国道一三四号沿いの商業施設が、緑豊かな海辺のリゾートの景観をつくっている。」と分析し、その上で「砂浜、公園、道路、沿道施設が一体となった、ゆったり広々とした緑豊かな景観を創出していく」ことを街づくりの指針としています[16]。

一九五〇年代に特許事業で整備された諸施設は撤去されて、湘南海岸公園の再整備が始まりました。これにより防潮堤や大型駐車場が整備され、国道一三四号の改良工事も行われました。そして、新たな施設として、一九九二年（平成四）にはサーフビレッジが、二〇〇四年には新江ノ島水族館がオープンしました。施設の建設と並行して一九八七年には、鵠沼海岸でビーチバレー公式大会「ビーチバレージャパン」の第一回大会が開催され、一九九五年には、藤沢市がサーフビレッジ前の砂浜にビーチバレーの常設コートを設置するなどの施策も行われ、あらたな湘南海岸公園として生まれ変わっていったのです。

最後に新しくなった湘南海岸公園で行われた利用者アンケートの集計結果から公園利用状況をみてみましょう。

・平日、週末とも一年を通して週に数回〜月に数回の利用頻度が最も多く、目的は散歩が最も多く、次いでサーフィンとなっている。
・公園の魅力としては海への眺望が最も多く、次いで海辺で遊べる、アクセスがよいの順となっており、再整備に当たって大切にすべき事項としても平日、週末とも眺望を大切にした施設整備が最も多かった。平日の二位が「新たな施設整備は不要」だったのに対し、休日は飲食施設、今ある緑を大切にした施設整備など施設整備に関する事項が上位を占めた[17]。

週末利用者は、県外からの来訪者も多いことから、より充実した施設の整備を望む声があがったのでしょう。このアンケート結果からわかることは、湘南海岸公園が特別な行楽地ではなく、日常的な憩いの場としても機能している姿です。地域住民へのアンケート結果からは、利用目的として、散歩や子どもの遊び、ジョギングなどがあげられ、また、駐車場等の既存施設についてはこのままでよいという回答が六割前後を占める一方で、増やしてほしい施設に対しては、トイレや遊具が挙げられるなど、暮らしのなかで、湘南海岸公園で豊かな時間を過ごしている様子が見えてくるようです。

そして、再整備から二〇年あまりを経過し、今また湘南海岸公園は新たな再整備の時期を迎えています。公園が海岸沿いに立地していることもあって、通常の施設より老朽化が著しく、維持管理が困難であることや、管理運営上の様々な課題や公園への要望等が出てきたことも理由でしょう。この次は、どんな表情を持つ公園になるのでしょうか。大きな期待を寄せて見守りたいと思います。

【註】

(1)神奈川県藤沢土木事務所「湘南海岸公園再整備基本計画（案）［概要版］（平成二九年三月）

(2)戦前期からの湘南海岸公園計画については、小風秀雅「幻の湘南海岸公園計画」（茅ヶ崎市史編集委員会編『茅ヶ崎市史研究』二三号、茅ヶ崎市、一九九九年）に詳しく、本稿も小風論文に依拠して設立過程を記述している

(3)山県治郎「湘南地方計画と風致開発策」（『都市公論』一三巻、七号、一九三〇年）

(4)本宮一男「行楽地湘南の確立」（「湘南の誕生」研究会編『湘南の誕生』所収、藤沢市教育委員会、二〇〇五年）一二八頁

(5)若林祐介・秋本福雄「神奈川県における東京緑地計画の変遷」（『土木学会関東支部技術研究発表会講演概要集』三一巻四号所収、二〇〇四年）一〇五～一〇六頁

(6)前掲「行楽地湘南の確立」一二九頁

(7)神奈川県「湘南海岸公園整備概要」（『新都市』第一〇巻・第四号、財団法人都市計画協会、一九五六年）

(8)前掲「湘南海岸公園整備概要」三頁

(9)前掲「湘南海岸公園整備概要」五頁

(10)『朝日新聞』一九五七年五月一一日

(11)松本洋幸「湘南なぎさプラン」（続・藤沢市史編さん委員会編『回想の湘南　昭和史五〇選』所収、藤沢市文書館、二〇〇九年）一六四頁

(12)松本洋幸「河川浄化都市宣言」（前掲『回想の湘南　昭和史五〇選』所収）一四四～一四六頁

(13)前掲「湘南なぎさプラン」一六四頁

(14)神奈川県都市部なぎさ・相模川プラン推進室『湘南なぎさデザインガイドライン』（神奈川県、一九九一年）二頁

(15) 前掲『湘南なぎさデザインガイドライン』七頁
(16) 前掲『湘南なぎさデザインガイドライン』九頁
(17) 前掲「湘南海岸公園再整備基本計画（案）」（平成二九年三月）

第五章　湘南のランドマーク――不思議アイランド・江の島

江の島シーキャンドル

明治以前の江の島

江ノ島駅に電車が到着すると、たくさんの人が降りてきます。駅舎を出て右に曲がると、そこは海……というわけではありません。そこから、洲鼻通りを南に下っていくのです。海の匂いを少しずつ感じ、わくわくしながら、一五分ほどで江の島弁天橋を渡って江の島に到着します。本章では、海に視線を向けながら、江の島地域がもつ様々な表情を確認していきます。

江ノ島駅は江ノ電開業時の終着駅で、当時は片瀬という駅名でした。片瀬駅が江ノ島駅に改称したのは、一九二九年（昭和四）のことで、片瀬海岸一丁目にある江の島駅の線路の奥には、江ノ島電鉄の本社屋もあります。駅舎のある現在の片瀬海岸一丁目は、開業した当時、片瀬村と江島村が合併した川口村という鎌倉郡の村域でした。その後、町制施行により一九三三年に片瀬町となり、一九四七年には片瀬町が藤沢市に編入されます。片瀬町の編入によって江の島も藤沢市の市域を形づくることになったのです。これが藤沢市にとっては大きなターニングポイントとなります。

鎌倉時代の歴史書である『吾妻鏡』には、源頼朝が文覚上人とともに江の島の岩屋に参籠して戦勝祈願をし、その折、源頼朝が文覚上人に命じて造らせ、二一日間祈願させたものが木造彩色弁財天坐像（八臂弁財天・神奈川県重要文化財）であると記されています。また後宇多天皇が蒙古軍撃退の記念に「江島大明神」の勅額を奉納するなど、江島神社は戦いの神として、歴史や伝承を刻んできました。

江戸時代は大山詣の精神落としの地としても著名な江の島には、多くの旅人が訪れています。『東海道名所図会』などにも、「三大弁天」という記述があることからも、当時から江島神社が厳島神社（広島県）、竹生島神社（滋賀県）とならぶ日本三大弁天として著名だったことも来訪の理由でしょう。加えて、江戸時代には弁才天は七福神の一員としても活躍するようになり、また弁才天の才の音が財に通じるということから、弁財天信仰が大変盛んになり、浮世絵などにも多く描かれるようになりました。江島神社でも弁才天の開帳や、また神社の外に持ち出して公開する出開帳を江戸で行い、人気を集めたと言われています。泰平の世となった江戸時代には、江島神社は「戦いの神」から「芸能・音楽・知恵の神」や「福徳財宝の神」として信仰されるようになっていたのです。

そのようなことが背景にあったのでしょう。江戸時代には庶民の大変メジャーな楽しみであった芝居の世界にも、江の島に因んだ作品が人気を博します。稚児ケ淵に伝わる白菊の伝説を取り入れた鶴屋南北の「桜姫東文章《さくらひめあずまぶんしょう》」や江の島に縁のある弁天小僧菊之助が登場する河竹黙阿弥の「青砥稿花紅彩画《あおとぞうしはなのにしきえ》」などです。遊山地としての賑やかさや美しい風景、伝説なども知られている江の島が芝居興行という江戸随一の楽しみの中に登場することで、江の島の知名度や人気がさらに上昇したと考えられ、旅人が訪れたいスポットになっていたと考えられるのです。

ところで、江戸時代の旅人は、江の島にどのようにして渡ったのでしょうか。江の島は、砂州によって湘南海岸と陸続きになっている相模湾にある陸繋島です。地震による江の島の隆起や境川河口付近の形状の変化によって、時代とともに変遷がありますが、概ね満潮時には冠水し、海岸と隔てられます。江の島に初めて橋が架けられたのは、一八九一年（明治二四）のことで、この時は砂州の途中からの架橋だったと言われています。それ以前の江戸時代に江の島に旅をした人の日記によれば、「江之嶋へ汐来間、我・倅者七十二文ヅヽ二而徒越ニいたし候」[1]と潮が満ちてきたので、川越人足に料金を払って、肩などに担がれて江の島に渡った様子が記されています。そのような不便を押してもなお、行ってみたいと思わせる江の島は江戸時代の人びとにとっても、大きな魅力のある場所だったと考えられます。

遊歩規定と外国人の来訪

やがて、鎖国が解かれ、外国人が日本に滞在するようになりましたが、彼らは本質的に自由ではなく、遊歩規定という規約のなかで暮らしていました。遊歩規定というのは、江戸幕府が一八五八年（安政五）に欧米列強と結んだ安政五か国条約（アメリカ・イギリス・フランス・ロシア・オランダ）に定められ、外国人が居留地（横浜・函館・神戸・長崎・新潟）から外出して自由に活動できる範囲について規定したものです。そのひとつ、日米修好通商条約をみてみましょう。

日米修好通商条約　第七条（部分）
日本開港の場所ニ於て亜墨利加人遊歩規程左の如し

神奈川　六郷川筋を限として、其他各方へ十里
箱館　各方へ凡十里
兵庫　京都を距る事十里の地へハ亜墨利加人立入さる筈ニ付、其方角を除キ、各方へ十里、且兵庫に来る船之乗組人、稲川より海湾迄の川筋を越べからす
都て里数ハ各港の奉行所又は御用所より陸路の程度なり

外国人が出歩いてよい範囲として、一般的に開港場からの距離は最大一〇里（約四〇キロメートル）と定められていました。遊歩区域の外に出るには内地旅行免状が必要で、旅行目的は病気の療養・保養または科学調査に限られていました。しかし江の島は、横浜居留地の外国人の行動が許された遊歩規定の範囲内にありました。そのため、この地には、明治初年から外国人が来訪した記録があります。

フランスのギメ東洋美術館の創設者で収集家としても著名なエミール・ギメは、一八七六年（明治九）、江の島に来訪し、その時の紀行文を残しています。また、アメリカの動物学者・モースは、シャミセンガイの標本採集・調査のため一八七七年に江の島に臨海実験所を設けました。モースは同年に横浜から新橋に向かう電車の中から、大森貝塚を発見した人物として著名です。また小泉八雲の名でも知られるラフカディオ・ハーンは、一八九〇年に来日して、間もなく江の島に遊んだ時の鮮烈な記憶を『日本瞥見記』に書き残しています。明治初年から外国人の姿を見て、接

していた江の島は、同時代的にみても、日本においては非常に早い近代のあけぼのを迎えていたと考えられ、外国人との早期の出会いと交流は時代を先取りしていたと言えるでしょう。

近代の江の島地域

その後、東海道線が延伸し、湘南エリアに新しい時代が訪れます。海水浴場の繁栄です。海水浴場として著名なのは松本順が開設の働きかけをした大磯です。松本順は陸軍軍医総監を務めた人物ですが、どうして海水浴場の開設に奔走したのでしょうか。医師である松本順は、海中に建てた棒につかまり、比較的強い波を身体に当てるという海水浴が医療に有益だと考えていたからです。医療と海水浴の詳細については第九章に譲るとして、本章では、この地に開かれた海水浴場についてみてみましょう。

第三章で述べたように鵠沼海水浴場ができたのは、一八八六年（明治一九）七月二九日です。しかし、その前年の新聞記事に「神奈川県下の海水浴にて既に人に知らるゝは本牧、富岡、七里ヶ浜、片瀬等の諸地」(2)と記されていることから、すでに片瀬などが海水浴場として名を馳せていたことがわかります。

新聞の報道や案内書の出版は、海水浴という新しい保養が、江の島周辺で盛んに行われていたことを知らしめ、この地を海水浴の著名な場所として、人びとに認識させたことでしょう。

江の島が再び鎌倉時代の姿を見せたのは、一九〇四年から翌年にかけて起きたロシアとの衝突である日露戦争の時でした。「陸海軍人家族の戦勝祈願に江ノ島神社参拝客が多数」[3]と戦勝祈願のため江の島に大勢の人が参拝に訪れたのです。一〇年前に起こった日清戦争より、軍事規模・財政面ともに拡大していた日露戦争には国民の反応も強く、中世の時代に時の権力者たちに戦いの神として祀られていた江島神社に信仰を向けたのでしょう。

参詣や行楽の来訪者が多い江の島や湘南地域には、いくつもの鉄道が敷設されていきました。一九〇二年に江ノ電が藤沢・片瀬間開業、そして一九一〇年に小町までの全通を迎えたのち、一九二一年（大正一〇）には相模鉄道の茅ヶ崎・寒川間が開業します。そして、一九二九年（昭和四）四月には小田原急行鉄道の江ノ島線が開業します。小田急線の開業広告には、「新宿より江ノ島桟橋まで　のりかへなし　賃金　片道　九十五銭」[4]とあり、新宿から行楽地・江の島のすぐ近くまで直行できることがセールスポイントになっています。さらに、翌一九三〇年には、湘南電気鉄道の金沢八景・湘南逗子間が開業します。湘南電気鉄道は、現在の京浜急行電鉄の前身会社のひとつで京急逗子線に繋がる路線です。これらの鉄道の開通は〝いざ鎌倉〟ならぬ〝いざ湘南〟といわんばかりの様相を呈していますが、複数の鉄道路線によって、これまでの東海道線・藤沢駅と横須賀線・鎌倉駅を利用する東京や横浜方面からだけでなく、多摩地区、東京西部地区、三浦半島と多方面から江の島へのアクセスが可能になりました。ぐっと近くなった江の島は、その後も行楽地として賑わいをみせたのです。

一九四〇年に藤沢町は市制を施行して藤沢市となり、やがて戦後を迎えました。藤沢市の形成における夕ーニングポイントは、冒頭に述べたように戦後まもなくの一九四七年に鎌倉郡片瀬町が藤沢市に合併したことです。江の島が藤沢市域に入ったことで藤沢市の海浜は、この後の時代に大きな飛躍を遂げることになるのです。

一九五六年の熱い夏

戦後の一九五六年（昭和三一）、この地には大旋風が吹き荒れました。

前年の一九五五年、雑誌『文学界』七月号に掲載された一橋大学生だった弱冠二三歳の石原慎太郎の小説『太陽の季節』が、第一回文学界新人賞に選ばれ、翌一九五六年一月には芥川賞を受賞しました。小説『太陽の季節』は文壇の枠だけにとどまらず、実に多方面に影響を与えていきました。そのひとつが石原作品の映画化です。一九五六年五月には「太陽の季節」（日活）[5]、以降、六月「処刑の部屋」（大映）[6]、七月「狂った果実」（日活）[7]、九月「日蝕の夏」（東宝）[8]と映画制作会社がこぞって石原慎太郎の作品を映画化し、毎月のように封切された作品は「太陽族映画」というカテゴリーを形成するに至りました。太陽族映画のなかでも「狂った果実」は、原作者である石原慎太郎の弟・石原裕次郎と、「太陽の季節」で主役をつとめた長門弘之の弟・津川雅彦が主役の兄弟を演じ、その内容とともに大きな注目を集めました。「太陽の季節」や「狂った果実」の舞台となった湘南の海は、映画に影響を受けた多くの若者が集まるところとなり、映画さながらの風俗を呈していきました。その有様から生まれた言葉が「太陽族」で、名づけ親は、「一億総白痴化」「口コミ」などの言葉を創った大宅壮一であるといわれています。しかし、太陽族映画は、作品が青少年に与える影響を問われるようになり、婦人団体からＲ一八指定の要望や[9]、自治体によっては青少年の入場が禁止されたり[10]、果ては映画館による上映拒否声明まで現れました[11]。

このように社会全体が太陽族映画に対して規制を打ち出してきた背景には、次々に起こる青少年の非行という問題がありました。アロハシャツを着た慎太郎刈りの頭をした太陽族風の少年が暴行事件を起こした、というような事件がたびたび報道され、太陽族映画が若者の犯罪を助長しているという世論が一気に形成されていったからです[12]。一方で、太陽族映画の規制を強く望んだとされる母親たちのなかで、太陽族映画を楽観視する母親が「うちの子どもの学校ではかなり多くの生徒が太陽族映画をみているようです。しかし子どもたちの話では〝あんな映画つまらないや〟といっているのを聞くと、騒いでいるのは社会人だけで、この風潮もやがて風のように消えてしまうように思います」と語り、同様に「なんのためにおかあさんたちがワイワイ騒ぐのか気がしれない」「騒ぐのはおとなだけじゃないか」という意見も紹介されていたことは興味深いものがあります[13]。

「アロハシャツ、慎太郎刈りの少年」たちが太陽族映画の影響を受けていることは事実ですが、必ずしも太陽族映画に登場する人物の生き方に共鳴している若者ばかりではなく、スクリーンに映し出されるファッションに魅せられて同じように装っていたり、夏を海岸で過ごすというスタイルに憧れて海に向かった青少年も多かったということです。つまり、太陽族の世界観というよりビジュアルからの影響も大きく、言い換えればファッションの流行と同義で、それゆえアロハが似合わない冬には成立しなかったとも言えるのです。実際に年末には太陽族は消え去って、海岸はうら淋しい景色を見せるばかりになり、湘南海岸に吹き荒れた激動の一九五六年は終わりを迎えました。

一九六四年東京オリンピックの開催決定

その後、第四章でみたように、一九五七年（昭和三二）に特許事業方式で県立湘南海岸公園計画が告示され、数々の民間施設を備えた湘南海岸公園が建ち進むなか、一九五九年に藤沢市はマイアミビーチ市と姉妹都市提携を結びます。それまでも藤沢市では海岸地域の観光宣伝事業を積極的に展開しており、一九五五年は藤沢市観光協会主催で「江ノ島サンマーショー」を開催し、夏休みの初めから八月のお盆休み頃まで、新聞・ラジオ・映画とも連携して大規模なイベントを行っています[14]。そのイベントの中心地となったのは江の島の東浜と西浜でした。近世から江の島が持っていた「大山詣の精進落としの地」としての世俗的な賑わいの地と、ある種開放的ではありますが、退廃的、不良など「陰」を伴った太陽族に席巻された海のイメージを払拭し、純粋に陽気で明るいファミリーレジャーの地という、健康的な「陽」のイメージに湘南の海の看板を架け替えることに見事に成功したのです。

健全な海に浮かぶ歴史ある島・江の島を含む相模湾に世界が見つめる舞台がやってきました。一九六四年開催の東京オリンピック（第一八回オリンピック競技大会）のヨット競技の会場に選ばれたのです。日本は戦前の一九四〇年、当時の東京市で第一二回オリンピックの開催が決まっていましたが、中国との戦争に対して国際社会から開催国として適当ではないとの批判が起こりました。内外の情勢から政府は七月に閣議で辞退を正式に決定し、幻の東京オリンピックになっていました。

終戦翌年の一九四六年には関西地方を会場に国民体育大会が開催され、また日本オリンピック委員会が設立されるなど、スポーツの世界は早くも国際復帰に向けた動きが見えます。一九五一年には翌年に開催されるヘルシンキオリンピックへの日本の参加も正式に認められました。この年は、サンフランシスコ講和条約が調印され、日本が国際復帰を果たした年でもあります。翌一九五二年四月二八日、講和条約が発効し、極東委員会・対日理事会・GHQが廃止、日本は独立国になり、それから一〇日を待たずに、安井東京都知事が第一七回オリンピック大会東京招致を公式に表明し、招致運動が始まったのです。

しかし、一九五五年に第一七回大会の開催地はローマに決まり、東京は落選してしまいます。すると、すぐさま第一八回大会の開催国に立候補し、アジア大会の東京開催、それに合わせたIOC総会の東京誘致をするなど、さらに活発な招致活動を始めます。そして、一九五九年にミュンヘンで開催されたIOC総会で、対立候補都市のウィーン、デトロイト、ブリュッセルの三都市を票決で破り、東京開催が正式決定されたのです[15]。

駆け足で開催決定までを見てきましたが、一九六四年の東京オリンピックの開催は、日本が戦後復興したことを世界に示し、国際舞台の第一線に復帰するという使命を帯びたものだったと位置づけることができるのです。

湘南海岸取締強化の背景

では、オリンピック招致運動が盛んに行われていた一九五五年（昭和三〇）から一九五九年、そして一九六四年の開催までの湘南の様子をみてみましょう。太陽族旋風が吹き荒れ、さまざまな社会問題が起こり、その舞台であった湘南は、太陽族を象徴する地として日本全国から注目されました。しかし、わずか一年で終息した太陽族ブームと入れ替わるように、この地に出現したのが湘南海岸公園でした。湘南の海は旅館も海の家も超満員になるほど、相変わらず混雑した夏を迎えていました[16]。混雑も極まれば、次に問題になるのが治安です。湘南海岸には、一九五八年頃からパトロールに関する報道が増えていきます。

一九五八年には、湘南四署（逗子・鎌倉・葉山・藤沢）の管内で青少年の一斉補導が実施されました[17]。この時の取締主体は神奈川県警で、対象となっていたのは少年犯罪です。翌年の一九五九年には、片瀬・江の島で、この地とは管轄外になる東京の警視庁が暴力団取締を目的に出動しています[18]。続く一九六〇年には、前年同様に警視庁が出動していますが、この年は暴力団犯罪取締担当の捜査四課と少年課の計二〇人が湘南海岸に派遣されています。警視庁からの出動チームは「フクロウ部隊」と呼ばれましたが、フクロウ部隊の出動は神奈川県公安委員会の要請によるもので、取締の対象には、前年の暴力団に加え、青少年が関わる少年犯罪も加わり取締範囲が拡大されていました[19]。

神奈川県における犯罪の発生件数をみてみると、一九五六年から一九六四年までの刑法犯のうち、兇器準備集合、傷害、暴行、恐喝、脅迫などが含まれる粗暴犯の件数は、神奈川県のなかでも湘南地域の警察署管内（葉山・逗子・鎌倉・藤沢・茅ヶ崎・平塚・大磯各署）の増加率が高く、そのなかでも藤沢警察署管内が極めて高い数値を示しています。また、同じ海岸線であっても、三浦半島の東側では、発生件数は横ばいか減少傾向にあります[20]。太陽族映画の舞台となった湘南地域での犯罪が非常に多くなっていることから、この地を対象に警察の取締が強化されていったのです[21]。

注目したいのは、フクロウ部隊が最初に出動した一九五九年夏の二ヵ月前の五月二六日に、東京オリンピックの開催が正式に決定していたことです。ヨット競技会場の候補になる可能性がある湘南が明るく健康的な海浜リゾートでなければならないことは、オリンピック開催国としては意識されるところです。しかし、湘南に特別警備が実施されたのには、もうひとつの理由が存在しました。国の観光政策がからんでいたのです。

フクロウ部隊初出動の一ヵ月後には、政府の諮問機関として観光事業振興のため採るべき当面の施策について検討していた観光事業審議会が、国際観光事業の振興のために急ぎ整備すべき重点地域、観光ルートとして①日光、②京浜・湘南、③富士・箱根・伊豆、④京阪神・奈良、⑤名古屋・岐阜、⑥伊勢・志摩・南紀、⑦瀬戸内海、⑧別府・阿蘇・雲仙・長崎、⑨阿寒・札幌・支笏洞爺、⑩仙台・松島・十和田、⑪上信越高原の一一地区を選定すべきであるとの答申案を出しているのです[22]。

東京オリンピック開催決定後に出されたこの答申案は、国際的な観光面、つまり外客誘致に主眼を置いて立てられています。東京オリンピックの競技会場は、東京都・埼玉県・神奈川県・千葉県・長野県にわたりましたが、そのなかで著名な観光地である湘南と軽井沢が競技会場と選手村として名を連ねており、いずれも観光事業審議会の答申案で重点地域として挙げられていることを併せて考えれば、湘南に特別警備が布かれたことが、東京オリンピックの開催と観光政策(外客誘致)に大きく関連していたことは明らかです。その後、フクロウ部隊の出動は毎年恒例となり、神奈川県警と共同で湘南の治安維持を強力に推進していきました。

ここで時を遡って、今一度太陽族映画の批判を確認してみます。神奈川県をはじめ全国各地で、太陽族映画を規制する条例が制定され、映倫にも圧力がかけられたことや、制定こそされませんでしたが国会では法規制の動きもありました。これらの反応は尋常ではなく、挙国一致という言葉を連想させるような一種の排斥運動の如きものでした。そこにも同様の背景が見え隠れします。「太陽族映画」の旋風が吹き荒れた一九五六年は、東京オリンピックにむけて盤石の体制をとりつつ招致活動を行った年でした。太陽族の騒擾がオリンピック招致運動に不利益をもたらす可能性があったこと、もうひとつは湘南という地域に対する保護意識です。オリンピック競技会場になるかどうかは別としても、多くの外国人旅行者が訪れる湘南は、風光明媚で健康的である必要があったのです[23]。

人間愛の金メダル

一九六〇年（昭和三五）五月に日本ヨット協会が常務理事会でヨット競技会場を江の島・葉山に決定します。そして、翌月、江の島は、一九三四年に指定された国の「名勝および史跡（江ノ島）」の指定を解除（昭和三五年六月二九日文化財保護委員会告示第三三号）し、競技関連施設の建設に備えていきました。

こうして迎えた東京オリンピックのヨット競技には、すばらしいエピソードが残されています。

瞬間風速十三メートルの突風が吹き荒れた十四日の相模湾江ノ島沖で、オリンピック・ヨットレースの真っ最中、スウェーデンのキエル兄弟の乗り組んだ〝ハヤマ号〟はライバルのオーストラリア選手が荒波にさらわれたのを見つけた。激しいせり合いの勝負どころだったが、兄弟は「人命が第一」と、レースをいったん中止して好敵手を救助した。国境と勝敗を越えて、オリンピック東京大会に花咲いたシーマンシップの一コマ[24]。

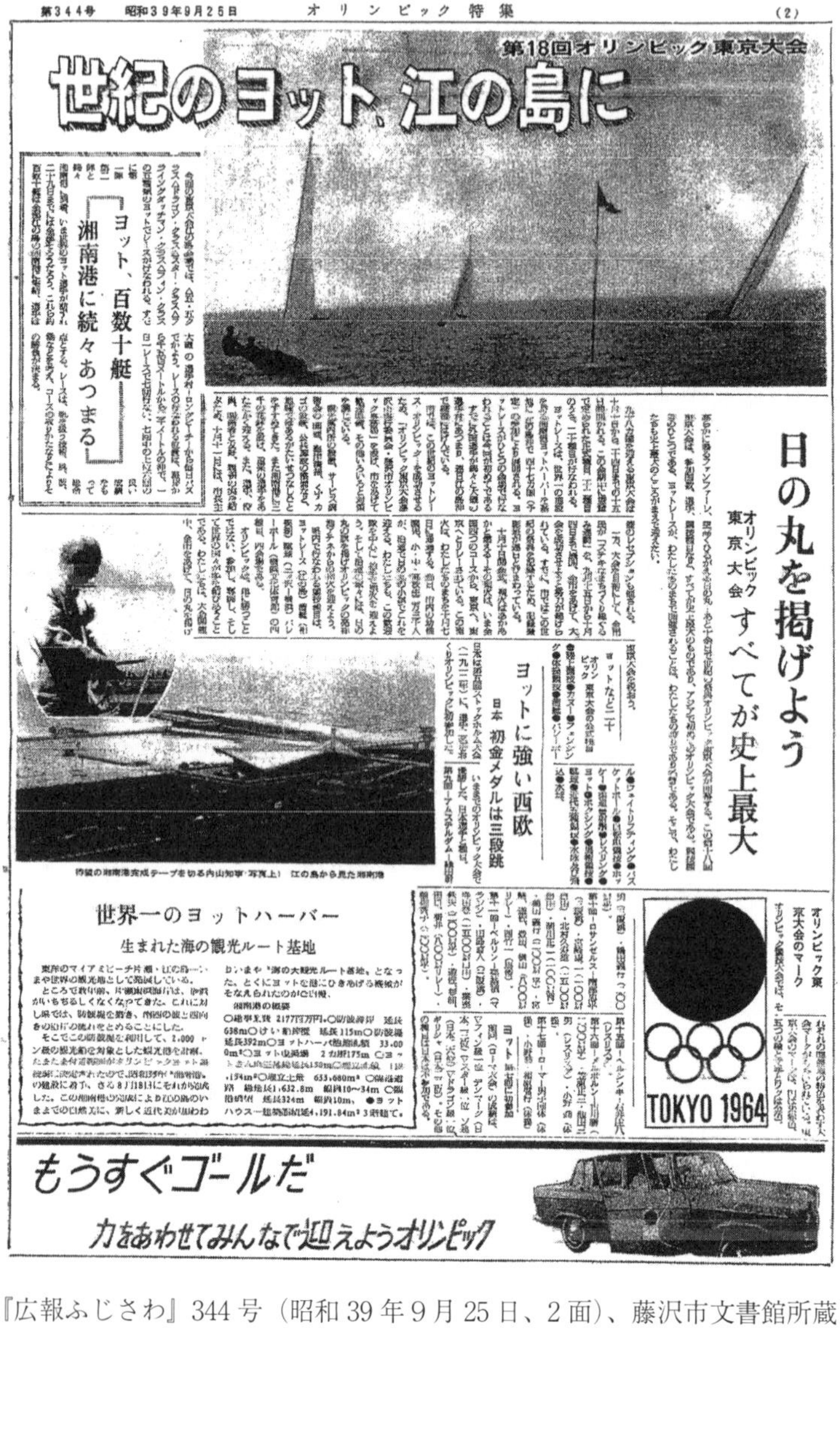

第344号　昭和39年9月25日　オリンピック特集　(2)

第18回オリンピック東京大会

世紀のヨット、江の島に

ヨット、百数十艇
湘南港に続々あつまる

日の丸を掲げよう

オリンピック東京大会　すべてが史上最大

ヨットなど二十

ヨットに強い西欧

日本　初金メダルは三段跳

待望の湘南港完成テープを切る内山知事（写真上）　江の島から見た湘南港

世界一のヨットハーバー

生まれた海の観光ルート基地

オリンピック東京大会のマーク

TOKYO 1964

もうすぐゴールだ

力をあわせてみんなで迎えようオリンピック

『広報ふじさわ』344号（昭和39年9月25日、2面）、藤沢市文書館所蔵一〇月一二日から江の島ヨットハーバーで行なわれていたフライングダッチマン級レースの三日目に起きたできごとでした。緊迫するレースのさなか、前を行くオーストラリア艇が風に煽られ、選手が海に放り出されてしまったのです。それに気づいたスウェーデン艇のキエル兄弟は、先頭グループを争っていたにもかかわらずレースを中断して救助に向かいました。その後レースに復帰しましたが、キエル兄弟は一一位でのゴールとなりました。救助のためにレースが不利益になった場合、再レースについて検討できるという国際的なヨットレースの規定があるそうですが、この大会では再レースは行われませんでした。「人間愛の金メダル」[25]と呼ばれる、このキエル兄弟の行動は、日本人のヨットに対する憧れを強く後押ししたようで、オリンピック後、日本国内のヨット人口は大きく増加しました。オリンピックから五年後の一九六九年、江の島ヨットハーバーにはヨットがあふれ、使用料金を一〇倍近く引上げています。江の島ヨットハーバーの大規模な値上げは、日本国内のヨット人口増加の証であり、ヨットというスポーツを広く国民に知らしめたことは、江の島・葉山で開催された東京オリンピックのヨット競技が果たした成果として評価できるのです。

江の島、その時代遅れと最先端の魅力

海の家がビーチハウスと呼ばれるようになり、数万円もするビーチサンダルをはいて、遊びに

行きたい海岸……海と一体化したファッションの世界においても、江の島は憧憬を伴う湘南ブランドのわかりやすいランドマークであると言えましょう。本章のなかでも、「江の島」と「湘南」という地域名称が混在しているのは江の島が湘南のシンボルであることに起因しています。映像のなかでも、江の島が映し出されることで、そこが湘南の海だと認識できます。例えば、カラオケで若者や夏や海をイメージできる楽曲に江の島の映像がしばしば出てくることも、江の島をシンボルとする湘南の海での恋模様や夢のような世界を連想させるチカラがあるからでしょう。しかし、同時に戦後に流行した「江の島悲歌《エレジー》」のような世界もまた、間違いなく同じ江の島であり、その時代を生きた人びとにとっては、どうしても江の島でなくてはならないシーンなのです。ここに江の島が江の島である所以があります。

鎌倉時代、新たな武士政権が覇権をめざしたとき、また元寇に立ち向かわなければならなかったとき、源頼朝や後宇多天皇が戦勝祈願するなど江の島は八臂弁財天に象徴される「戦いの神」の地でした。そして、江戸時代の泰平の世になると、木造弁財天半跏像（妙音弁財天・裸弁財天）に象徴される「芸能・音楽・知恵の神」や「福徳財宝の神」として人気を博します。時代が下り、日露戦争の起こった一九〇四年から翌年にかけては戦勝祈願に多くの人びとが戦勝祈願に訪れ、江の島は再び「戦いの神」の表情を見せ、そして、近年では、「江島縁起」に描かれている五頭龍（龍神）と天女（弁財天）の世界から、女性たちの心に力を与える神としての姿を強くみせているようです。

古くからの歴史と伝承をもつ江の島ですが、時代ごとに様々な顔で人びとに信仰されていたことがわかります。江の島は、その参道を歩いても、土産物店が建ち並び、階段をのぼりながら参詣に巡っていく旧来の観光要素を十二分過ぎるほど持っている観光地です。しかし、なぜか、いつのどんな時代にも対応して、一時は翳りを見せても、必ず蘇り、人びとを集める観光地であり続けています。

近代以降、湘南という地は常に時代の先頭グループを走ってきました。そして流行の創出に大きく寄与してきました。江の島はそのランドマークとして、訪れた人それぞれの時代にそれぞれの江の島を堪能させてくれる不思議な地です。二〇二〇年に開催される東京オリンピックに向けて、また、どのような新しい顔を見せてくれるのか、胸を高鳴らせながら、その時を待ちましょう。

【註】

(1)「己未東遊記草」(渡辺和敏監修『近世豊橋の旅人たち ―旅日記の世界―』所収、豊橋市二川宿本陣資料館、二〇〇二年)、三五三頁
(2)『東京横浜毎日新聞』一八八五年八月一九日
(3)江ノ島鎌倉観光株式会社社会社六十年史編纂委員会編『江ノ電六十年記』(江ノ島鎌倉観光株式会社、一九六三年)一七頁
(4)『読売新聞』一九二九年四月二日

(5)「太陽の季節」〔日活〕、〔監督〕古川卓己、〔出演〕南田洋子・長門裕之、一九五六年
(6)「処刑の部屋」〔大映〕、〔監督〕市川崑、〔出演〕川口浩・若尾文子、一九五六年
(7)「狂った果実」〔日活〕、〔監督〕中平康、〔出演〕石原裕次郎・津川雅彦、一九五六年
(8)「日蝕の夏」〔東宝〕、〔監督〕堀川弘通、〔出演〕石原慎太郎・平田昭彦、一九五六年
(9)『朝日新聞』一九五六年八月三日
(10)『朝日新聞』一九五六年七月二〇日
(11)『朝日新聞』一九五六年八月五日
(12)『朝日新聞』一九五六年八月五日
(13)『朝日新聞』一九五六年七月二三日（夕刊）
(14)本宮一男「戦後鉄道資本の観光戦略と片瀬・江の島―「海水浴の時代」とその終焉」（『湘南の誕生』研究会編『湘南の誕生』所収、藤沢市教育委員会、二〇〇五年）一七八～一八二頁
(15)拙稿「湘南海岸をかけめぐった東京五輪―『太陽の季節』から『若大将』へ」（老川慶喜編著『東京オリンピックの社会経済史』所収、日本経済評論社、二〇〇九年）二三〇～二三二頁
(16)『朝日新聞』一九五八年八月三日
(17)『朝日新聞』一九五八年八月一〇日
(18)『朝日新聞』一九五九年七月一九日
(19)『朝日新聞』一九六〇年七月九日
(20)「警察署別犯罪発生検挙件数」『神奈川県統計書』各年
(21)前掲「湘南海岸をかけめぐった東京五輪―『太陽の季節』から『若大将』へ」二三三～二三四頁
(22)『朝日新聞』一九五九年八月二一日
(23)前掲「湘南海岸をかけめぐった東京五輪―『太陽の季節』から『若大将』へ」二三三～二三四頁

(24)『毎日新聞』一九六四年一〇月一五日

(25)「人間愛の金メダル」のエピソードは道徳の教科書に掲載され、小学校の授業で活用されている。

第六章　海岸線——「江ノ電のある風景」の変貌

七里ヶ浜のサーファーたち

街のなかを走る

江ノ島駅を出発すると、まもなく、日蓮上人の龍ノ口法難の霊跡として建立された龍口寺が見えてきます。龍口寺前の交差点で江ノ電は大きくカーブし、藤沢市から鎌倉市へと入り、海の方向へと進み、江ノ電は道路の中央を走り始めます。二色に塗り分けられた併用軌道の両側には商店や住宅が立ち並び、両脇に車を従えて走っているかのような、他の鉄道ではなかなか見られない光景が出現します。これは、江ノ電が開業当時、軌道条例（明治二三年法律第七一号）に基づく路面電車であったことに起因します。戦後、地方鉄道法（大正八年法律第五二号）によって鉄道に変更されたため、鉄道でありながら併用軌道を走るという特別な運行を認められているのです。そして、言葉通りに街のなかを走るこの光景は江ノ電の人気の理由になっているのでしょう。

龍口寺前交差点のカーブからおよそ四〇〇メートル余で電車は左に抜け、腰越駅に入ります。腰越駅を出るとそこからは、近隣の家の軒近くをかすめるように走行していきます。現在の腰越駅は一九〇三年（明治三六）六月に谷戸駅という名前で開業しました。当時は今より駅の数が多く、谷戸の隣に万福寺前という駅がありました。そのさらに先にあったのが最初の腰越駅でした。その腰越駅がなくなり、谷戸駅が腰越と改称したのは、戦後の一九四八年（昭和二三）のことです。万福寺前駅の近くには、鎌倉時代に讒言のため兄・頼朝との関係が不穏になった源義経が、和解のため頼朝に送った手紙「腰越状」を書いたとされる満福寺という寺があります。満福寺に続く坂からは、踏切を走る江ノ電が見られ、撮影スポットとして人気があるようです。

鎌倉の漁業

腰越駅から、わずか五分ほどのところに腰越漁業協同組合（腰越漁港）があります。腰越漁港からは、江の島が目の前に見え、そして左手には、対をなすように小動岬が深い緑を蓄えています。ここでは、シラス・アジ・カマスなどが多く水揚げされています[1]。漁船のほかに、遊漁船も多く、釣り客の来訪も多いようですが、腰越漁港は、その利用範囲が地元の漁業を主とする第一種漁港に指定されています。相模湾に面する鎌倉では、古くから漁業が行われており、現在では、小型定置網、刺網、しらす船曳網、わかめの養殖などの沿岸漁業が、腰越や坂ノ下、材木座で営まれています[2]。鎌倉市が行った意識調査でも、市民がこれらのエリアで漁業が行われていることは高い割合で認知されており、鎌倉市では、シラスなどが鎌倉の水産物として有名であることや、冬場に海岸で行われるワカメ干しが浜の風物詩となっていることなど、鎌倉の漁業に対して良いイメージを持っていると分析しています[3]。江ノ電の線路と家屋を隔てて走る、つい先ほどまで併用軌道となっていた道路には、「しらす」の看板がそこらここらに見受けられます。腰越にはためく「しらす」の文字は、この地で豊かな海の幸がとれることを強く印象づけます。腰越は海産物という湘南の名物を支えているのです。

海岸線を走る

腰越駅を出て、二〇〇メートルほど進むと、景色が明るく開けます。ここから、鎌倉高校前・

七里ヶ浜・稲村ヶ崎と電車は相模湾の海岸線を走ります。これも江ノ電の持つ特徴的な顔です。電車に揺られながら、少し一緒に走ってみましょう。

国道一三四号とほぼ並走する形で駅舎がある鎌倉高校前駅は、海に向かってホームが設置されています。国道より一段高くなっているホームは、まるで海岸展望席のようでもあり、写真撮影の一大ポイントで、カメラを構える人の姿を常に見かけます。その絶好のロケーションは、映画やテレビなどでも多く利用されており、映像のなかでも鎌倉高校前駅は目にする機会が多い駅でもあります。

一九五三年（昭和二八）に旧駅名の日坂から、現在の駅名に改称されるきっかけとなった県立鎌倉高校は、一九二八年の前身校の創立から九〇年の歴史を持つ高校ですが、前身校は大町にあり、風光明媚なこの地に移転してきたのは一九五二年のことです。現在では神奈川県立の普通科高校のなかで一番広い敷地をもつ高校です。また、関東運輸局が管内の特徴ある駅を関東の駅百選として選定していますが、鎌倉高校前駅は、「ホームから前面いっぱいに『湘南の海』が広がっている駅」を理由として、一九九七年（平成九）に関東の駅百選に選ばれています。

サーファー舞う

海岸線にひろがる光景には、海や江の島、富士山を望む美しい景色だけでなく、海の中をとりどりの色で舞うサーファーの姿があります。二〇二〇年開催の東京オリンピック競技となったサーフィンは、日本での発祥地が湘南だと言われています。サーフィンは、一九五〇年代に駐留軍のアメリカ兵士が海浜で楽しんだことにより日本に持ち込まれ、湘南では早い時期から日本の若者が波に乗りはじめたと言われています。[4] サーフィンは一九六〇年代末頃から、雑誌やスポーツ記事に登場するようになり、徐々に若者を中心に拡がっていきました。一九六八年（昭和四三）七月一五日号の雑誌『平凡パンチ』は、「はやりはじめ」た豪快な海のスポーツ　サーフィン」という記事を掲載しています。「はやりはじめ」という言葉から、サーフィンが当時の日本にとって、まだ一般的でないことがわかりますが、その記事では、サーフボードの上に立ち、波の斜面を滑走するスポーツとしてのサーフィンの話題だけでなく、ファッションやサーフボードを販売するサーフィンショップについても記されています。日本でも前近代から行われていたとされる一枚板での波乗りとは別物のサーフィンというスポーツを、ファッションなど周辺世界も含めて紹介した記事と言えるでしょう。[5]

一九七七年には、雑誌『ＰＯＰＥＹＥ』の五月二五日号で湘南地域が取り上げられました。そこには、「茅ヶ崎から鎌倉へかけてのこの部分は湘南といっても特に独立したひとつの土地柄を形成している。形成させているのはもちろん人、その人とはサーファーたちなのである。だからこの地域を、あえて〝湘南カウンティー（郡）〟としてみた。カリフォルニア州の一郡かも知れない。」[6] と、これまでの湘南とは、また異なる新たな地域イメージを提起しています。そして、由比ヶ浜から馬入までのショップなどを掲載した「湘南カウンティー・サーフボードショップ案内略図」[7]を載せ、街並みと、そこに遊ぶ人びとについて「サーフショップはまた、当然米国西海岸の風を充分にうけていて、カウンティーのショップを軒なみのぞいている限りは、まるでLA周辺のビーチにいるのと同じ気分になれること受け合いなのだ。」[8]と、湘南がアメリカ西海岸やハワイからの「地続き」のエリアであるかのように謳っています。雑誌『POPEYE』には、この頃すでに、関東や近県からサーファーが湘南に集まっていることを記し、湘南がサーフィンのメッカであるとしています[9]。

このようなマスコミの後押しもあり、湘南という地に若者たちは新たな憧れを抱くようになりました。サーフィンに適する七里ヶ浜から稲村ヶ崎辺りの海は波があり、遊泳には向かない海岸です。かつてはサーフィンをしていると、警察官が「陸へあがりなさい」と命じることもあり、警察官が離れると、また海に入る、というシーンがよく見られたそうです。実際、高い波が崩れるとき、波が巻いてボードとともに海底に引きずり込まれて命を落とすこともあり、サーフィンは中途半端に遊べるスポーツではありません。波上に雄姿を見せるには相当の鍛錬が必要なのです。

そこで実際には波に乗れないのですが、サーフィンのメッカ・湘南を彩るサーファーのひとりになりたい、そう考える若者たちは、やがてはサーフィンをしないのに、サーフボードを抱え浜辺を歩く「陸サーファー」という姿で湘南の海に現れるようになりました。サーファーらしい髪型をし、体裁を整えているだけの陸サーファーは、もちろんサーファーとしては認められていないのですが、ファッションとしては有効で、湘南の浜辺に受け入れられていきました。そういう若者が集まる地としても湘南は認知され、新たな世相を形成していったのです[10]。

七里ヶ浜の開発

次の七里ヶ浜駅は少し山側に入ったところに駅舎がありますが、駅を出ると電車は再び海岸線を走り出します。線路から内陸に入ると地形は坂になっていくのですが、このあたりは海岸線だけに、特に坂という印象を強く感じます。坂になっているからこそ、風光明媚な景色を愛でることができる美しい場所なのです。この良好なロケーションが放置されるはずもなく、この地には「開発」という新しい風が巻き起こってきました。

一九九四年（平成六）に刊行された『鎌倉市史　近代通史編』に掲載されている「住宅団地立地調査調書（鎌倉市）」[11]には、七五件の住宅団地の調査が挙げられています。名称に団地とありますが、住宅団地ですので、これは集合住宅の団地だけを指すのではなく、戸建が建ち並ぶ分譲地も含まれています。七五件の総面積は四七三万平方メートル余で、最小の団地総面積は五三一七平方メートル、最大は梶原山住宅地の六〇万一二六六平方メートルと規模も様々です。これらの開発によって山が切り崩され、鎌倉市域でも、その姿が変わってしまった地域が多くありました。七五件の開発のなかで、一〇万平方メートルを超える大規模な開発は、一二件を数え、特に大きな開発は、梶原山住宅地を筆頭に、今泉字滝入の五〇万九〇〇〇平方メートル、そして、七

「昭和40-50年代の鎌倉市における住宅団地開発」

No.	団地名（もしくは所在地）	地区	造成年度＊	寛政年度	団地総面積（㎡）
1	鎌倉台団地	台	昭和42年	昭和43年	13,000
2	梶原東団地	梶原	昭和42年	昭和46年	6,336
3	鎌倉岩瀬ハイツ	岩瀬	昭和56年	昭和59年	5,557
4	浄明寺胡桃ヶ谷	浄明寺	昭和41年	昭和41年	71,633
5	津字丹後ヶ谷601-1	津	昭和42年	昭和42年	21,578
6	岩瀬中耕地	岩瀬	昭和42年	昭和42年	5,787
7	津字岩瀬417他	津	昭和43年	昭和43年	15,503
8	今泉字柳谷戸13	今泉	昭和43年	昭和43年	69,884
9	関谷字山居	関谷	昭和43年	昭和43年	36,541
10	腰越字御所	腰越	昭和43年	昭和43年	27,327
11	関谷字下坪351	関谷	昭和43年	昭和43年	20,372
12	梶原山住宅地	梶原	昭和43年	昭和43年	601,266
13	津字蟹田谷1033	津	昭和42年	昭和43年	89,694
14	大船字谷の前	大船	昭和42年	昭和44年	66,230
15	七里ヶ浜分譲地	腰越	昭和42年	昭和43年	487,056
16	鎌倉逗子ハイランド	浄明寺	昭和42年	昭和45年	232,308
17	津字八沢1331-5	津	昭和42年	昭和45年	108,196
18	大船字西根	大船	昭和43年	昭和44年	20,050
19	腰越１丁目	腰越	昭和43年	昭和44年	18,171
20	鎌倉緑苑台	二階堂	昭和43年	昭和45年	58,967
21	丸山住宅地	寺分	昭和43年	昭和45年	209,636
22	日本地所手広分譲地	手広	昭和43年	昭和45年	73,723
23	津字丹後谷	津	昭和43年	昭和47年	56,856
24	津字丹後谷	津	昭和44年	昭和45年	11,159
25	関谷字石原谷都939-1	関谷	昭和44年	昭和45年	49,627
26	津字池廻り1308他	津	昭和44年	昭和45年	29,608
27	今泉字滝入	今泉	昭和44年	昭和46年	509,000
28	大船６丁目	大船	昭和44年	昭和46年	28,619
29	腰越御所ヶたに	腰越	昭和44年	昭和46年	61,680
30	腰越字後達955-1	腰越	昭和44年	昭和46年	19,210
31	津字蟹田谷	津	昭和45年	昭和45年	135,885
32	鎌倉常盤分譲地	常盤	昭和45年	昭和47年	103,880
33	七久保団地	今泉	昭和45年	昭和47年	107,326
34	大船宮之前	大船	昭和45年	昭和47年	7,712
35	三菱電機富士塚寮	上町屋	昭和45年	昭和46年	9,863
36	鎌倉市笛田住宅地	笛田	昭和45年	昭和47年	79,285
37	七里ヶ浜東２丁目	七里ヶ浜	（県立高校用地に変更）		
38	鎌倉琵琶苑分譲地	笛田	昭和45年	昭和46年	83,011

39	鎌倉グリーンハイツ	梶原	昭和45年	昭和47年	90,234
40	城廻字打越26	城廻	昭和45年	昭和46年	79,037
41	関谷425	関谷	昭和45年	昭和46年	8,385
42	城廻字城宿	城廻	昭和46年	昭和46年	13,176
43	手広字西ヶ谷780	手広	昭和46年	昭和49年	59,635
44	寺分字池の坂木ノ下	寺分	昭和46年	昭和46年	9,621
45	大船谷之前1714-1	大船	昭和46年	昭和47年	12,705
46	津西2-770-2	津	昭和46年	昭和49年	12,895
47	津字猫池1069-1	津	昭和47年	昭和54年	238,667
48	笛田字八ヶ畑1405-14	笛田	昭和47年	昭和48年	13,130
49	城廻り416	城廻	昭和47年	昭和50年	123,993
50	笛田字上関1071-13	笛田	昭和47年	昭和47年	19,804
51	城廻り字打越238	城廻	昭和47年	昭和48年	28,299
52	玉縄2-9	玉縄	昭和47年	昭和51年	5,464
53	関谷字下坪388	関谷	昭和47年	昭和48年	6,634
54	津字室ヶ谷533-1他	津	昭和47年	昭和58年	26,275
55	笛田字萩郷900他	笛田	昭和48年	昭和50年	116,144
56	城廻字清水小路712他	城廻	昭和48年	昭和51年	40,460
57	城廻字城宿357-1	城廻	昭和49年	昭和50年	10,806
58	鎌倉ロジュマン	岡本	昭和49年	昭和51年	30,964
59	常盤字下耕地18-3	常盤	昭和49年	昭和50年	5,875
60	鎌倉ハイタウン	植木	昭和48年	昭和52年	6,422
61	上町屋字谷戸801-5他	上町屋	昭和49年	昭和51年	22,983
62	鎌倉台ハイム	台	昭和51年	昭和52年	6,212
63	腰越2丁目343-1他	腰越	昭和52年	昭和55年	8,479
64	長谷1丁目227他	長谷	昭和52年	昭和54年	9,655
65	ハイツ植木	植木	昭和53年	昭和56年	15,138
66	ダイヤハイツ鎌倉	上町屋	昭和55年	昭和56年	7,077
67	腰越3丁目68-31他	腰越	昭和56年	—	6,142
68	腰越字山王下1643-2	腰越	昭和56年	—	19,635
69	城廻打越167番地他	城廻	昭和56年	—	9,355
70	鎌倉ビレッジ	玉縄	昭和56年	—	8,127
71	山崎字清水帰1498他	山崎	昭和58年	—	10,397
72	手広字西ヶ谷878他	手広	昭和58年	昭和58年	10,207
73	七里ヶ浜東5丁目1332-13他	七里ヶ浜	昭和58年	—	5,317
74	津西1丁目891	津	昭和58年	—	68,128
75	七里ヶ浜1丁目2137-1	七里ヶ浜	昭和58年	—	16,451

＊着工年度も含む

〔出典〕「表62　住宅団地立地調査調書（鎌倉市）」（『鎌倉市史　近代通史編』、吉川弘文館、1994年、p.522-525）より作成

里ガ浜分譲地の四八万七〇五六平方メートルの三件で、抜きん出た開発面積となっています。

そのなかの七里ガ浜分譲地についてみてみましょう。江ノ電の駅は七里ヶ浜ですが、分譲地は七里ガ浜と表記が異なっています。これは、住所や地番が七里ガ浜という表記であることによるのでしょう。小学校や公共の施設である郵便局などは七里ガ浜と住所等による表記をしていますが、海岸の名称が七里ヶ浜であることから、私設の施設などは七里ヶ浜と表記しているものも多いようで、江ノ電の駅名も海岸と同じ七里ヶ浜となっています。

江ノ電沿線で行われた七里ガ浜分譲地の第一期発売当時の広告（第二期は予約受付中）をみると、区画は五五三区画で、坪数は最小四六坪、最大一二五坪となっています。価格帯は一九〇万円から四〇一万円以上に分かれていますが、最多価格帯は四〇一万円以上（一五五区画、八〇坪～一二五坪）と現代と比較すると広めの分譲地のようです。広告には、「爆発的人気！　受付四日にして三九五区画　空前の記録です　分譲地の『すばらしさ』が証明されました！」[12]とあり、申込あるいは問合せが早期に殺到した様子が報じられています。また、購入者の声として文章も記されており、「目の前に広い海、美しい富士山と緑の江の島」「ガス・水道・水洗完備で衛生的」「南向きヒナ段で、陽当りは満点、それにどの区画からも海が見える」[13]と、設備の整った分譲地であることと、景色の美しさが重要な「売り」になっている分譲地のセールスポイントが明確に伝えられているようです。

七里ヶ浜には、人びとに「富士」と「江の島」を連想させる歌があります。一世紀以上前、一九一〇年に起きた逗子開成中学のボート転覆事故で一二人の若い命が海に消えました。生徒たちの合同葬儀の席で、鎌倉女学校の生徒が歌ったのが、同校教師・三角錫子が作詞した鎮魂歌・真白き富士の根でした。歌詞のなかに、真白き富士の嶺、緑の江の島、という言葉があるこの歌は、真白き富士の嶺とも、七里ヶ浜の哀歌とも呼ばれます。その後、この鎮魂歌はレコードになり、また戦前と戦後に映画化もされました。白く冠雪する富士山と、豊かな緑を湛えて碧い海に浮かぶ江の島、この美しすぎる映像と哀しいメロディーにより、七里ヶ浜という地名は世の中に広く伝わっていったのです。当時の分譲地購買層にも、この歌は浸透していたことでしょう。海と富士山と江の島を望むこの地が、真白き富士の根、七里ヶ浜哀歌の地であることに付加価値を感じていたかもしれません。

景観と暮らし

分譲地の第一期発売から、しばらくして、江ノ電に面した北側の土地に県立高校が建設されることになり、大きな問題が起こります。

神奈川県が公開した高校の設計案は、四階建ての大きな校舎を並べるというものでした。鎌倉市内に住む建築家で組織していた鎌倉建築家クラブは、「これまで建築家は個々の建物のデザインには苦心してきたが、それが地域の環境にどのような影響を与えるか、ということを忘れがちだった。そのため環境破壊をひきおこしたこともある。その反省の上に立ち、建築家である前に、まず一人の市民として専門技術を地域のために役立てたい」[14]という結成の目的のもと、海に船を出して県の設計案を検証しました。その結果、神奈川県が示した校舎の設計案では鎌倉の景観が損なわれるという結論を得たため、四階建て校舎を三階建てにし、かつ、可能な限り浜辺から離れた場所に建てるなどの新たな設計案を自分たちで作成しました。その設計案には、高校の運動場を海側に建設し、市民も利用できるものにするという提案もあり、鎌倉建築家クラブは、住民組織である都市計画市民懇談会とともに神奈川県教育委員会と五回の折衝を重ねました。神奈川県と鎌倉市の間ですでに同意されていた高校の青写真を覆すのは非常に困難なことで、かつ、工事費と工期の逼迫により、妥協も余儀なくされましたが、四階建ての校舎建設は回避することができ、三階建ての校舎を渡り廊下で繋げる設計に修正することを得ました[15]。一九七六年（昭和五一）に開校した神奈川県立七里ガ浜高校は、鎌倉の景観を守りたいという市民の想いが困難な壁を崩し、地域のなかに溶け込むことに成功した学校だったのです。

前述したように海岸線から北側には、いくつもの坂があります。かつては、江ノ電の線路の北側は山場が連なっていました。しかし、分譲地の開発により山は大きく削られ、航空写真で見ると、七里ヶ浜駅の周辺は北に向かって、開発された土地が大きな面となって拡がっているのがわかります。そうして新たな道路ができ、また別のエリアへと繋がっていくのです。鎌倉市のマスタープランでも、周囲を丘陵で取り囲むこの地域において、多様な生物と共生した豊かな環境とそこに調和したまち並みを作ることを目標のなかに挙げており、自然を活かした住宅環境と景観づくりに都市計画の重点を置いています。そのために周辺緑地は市民の憩いの場として活用する、海浜部は、沿道と一体となった水と緑あふれる環境・景観をめざす、そして海・山・川・住宅地の緑をつなぎネットワークを作り出すなどの方針を模索しています[16]。

湘南の海に沿って走る電車の姿は、江ノ電のトレードマークですが、この構図は、いつの時代も絶好のカメラポイントだったようで古い絵はがきにも七里ヶ浜を走る江ノ電が写っているものがあります。今日も、海は波頭の白いしぶきのなか、サーファーとボードが色とりどりに舞い、その傍らを江ノ電が走っているのでしょう。江ノ電に乗ると、そんな海の方向ばかりに視線が行きがちですが、景観と暮らしについて考えるためにも、もう片側の窓にも目を向けたいものです。

【註】

(1) 鎌倉市ＨＰ「腰越漁港パンフレット」https://www.city.kamakura.kanagawa.jp/nousui/kosigoe/koshigoegyoko.html（二〇一八・七・一二閲覧）

(2)「産業振興に係る市民・事業者意向調査報告書（市民の意識調査編）」、鎌倉市、二〇一二年、一〇頁

(3) 前掲「産業振興に係る市民・事業者意向調査報告書（市民の意識調査編）」一〇頁

(4)「湘南プロムナード」http://m-y-star.com/shonan_story/yuhodo_birth/surfing.shtml（二〇一八・七・一二閲覧）

(5) 加藤厚子「『ＰＯＰＥＹＥ』、「サーファーの街湘南」を特集」（続・藤沢市史編さん委員会編『回想の湘南　昭和史五〇選』所収、藤沢市文書館、二〇〇九年）一六二頁

(6)「サーファーの街湘南をさわる」(『POPEYE』一九七七年五月二五日号)
(7)前掲「サーファーの街湘南をさわる」(『POPEYE』)
(8)前掲「サーファーの街湘南をさわる」(『POPEYE』)
(9)加藤厚子「出版文化と若者」(「湘南の誕生」研究会編『湘南の誕生』所収、藤沢市教育委員会、二〇〇五年)二二三~二二七頁
(10)前掲「出版文化と若者」二二七~二二八頁
(11)「表六二　住宅団地立地調査調書(鎌倉市)」(『鎌倉市史　近代通史編』、吉川弘文館、一九九四年)五二二~五二五頁
(12)『朝日新聞』一九六六年三月一九日
(13)『朝日新聞』一九六六年三月一九日
(14)『朝日新聞』一九七七年六月六日
(15)『朝日新聞』一九七七年六月六日
(16)鎌倉市まちづくり景観部都市計画課編『鎌倉市都市マスタープラン』(鎌倉市まちづくり景観部都市計画課、二〇一五年)一三五頁・一四四頁

第七章　鄙《ひな》の地、聖地となる

極楽寺駅

霊鷲山感応院極楽律寺

七里ヶ浜駅から次の稲村ヶ崎駅に向かう途中から、江ノ電は国道一三四号を離れ、山側へと入り、稲村ヶ崎駅で海から離れた江ノ電は、人家に沿うように極楽寺に向かって走ります。鎌倉高校前から稲村ヶ崎間にも二ヵ所あった併用軌道がこの区間にもあります。江ノ島から腰越間にあった道路の中央を走る併用軌道とは異なり、この三ヵ所は、隣を走る道路の路側帯に沿って線路が走っています。電車の片側は道路、もう片方はすぐ人家が迫っているのです。これも江ノ電の特徴的な風景ですが、電車はそれまでの海岸線とは異なる「山あい」を走るような感覚に変化していきます。極楽寺駅は、江ノ電の開業から一年七ヵ月後の一九〇四年（明治三七）四月にこの地まで延伸され開業しました。木造の小さな駅舎は、傍らに枝を伸ばす桜も美しく、また背後は、木々がこんもりと埋め尽くしています。山に溶け込むようなその姿は絵になり、カメラを構える人も多く、一九九九年（平成一一）には鎌倉高校前駅に続いて、「緑と静寂のなか古風な雰囲気で風情とやすらぎを感じさせる駅」という理由で関東の駅百選にも選ばれています。

極楽寺駅は、その名の通り、極楽寺の門前にあります。極楽寺の正式な名称は霊鷲山感応院極楽律寺といいます。極楽寺の創建については、史料によって差異があるようですが、山門前に建つ鎌倉市の解説によれば、一二五九年（正元元）に深沢に創建され、鎌倉幕府の二代執権・北条義時の子で、三代執権・北条泰時の弟である北条重時が現在地に移転し開基となったと伝えられています。奈良の西大寺叡尊門下で戒律を学んだ僧・忍性が、一二六二年（弘長二）に北条重時の子・業時に迎えられ開山した真言律宗の寺院です。鎌倉幕府の命により、元寇の折には異国降伏の祈祷も行うなど幕府や北条家との関係もありましたが、幕府滅亡後も天皇や上皇の勅願によって鎮護国家を祈る勅願所として寺格を維持していました。

幕府が置かれた鎌倉は、攻め落とすのが困難な高い防御力を持った地でした。それは南は相模湾に面し、残る三方は山に囲まれていたからです。その山の防御力を維持しながら、稜線を切り開いて作った道が切通です。鎌倉への出入り口となったのは、朝夷奈切通・亀ヶ谷坂切通・仮粧坂切通・極楽寺坂切通・巨福呂坂切通・大仏切通・名越切通の鎌倉七切通（鎌倉七口とも呼ばれる）です。鎌倉七切通のひとつ、極楽寺坂切通は、鎌倉から坂の下、七里ガ浜を通り、藤沢へ向かう道で、その先は京の都に繋がる重要な道です。この切通は、極楽寺を開山したのと同じ僧・忍性によって開かれたと伝えられています[1]。極楽寺坂切通が開かれるまでは、極楽寺と鎌倉の都との間には、越すのが困難な山が立ちはだかっていたことになります。近くて遠い都というわけです。京の都の域内を洛中、都の外は洛外という概念がありますが、この地は山というより現実的な境界を以て、鎌倉の都の外であったわけです。

地獄谷と西門信仰

忍性が極楽寺を開いた頃のこの地域は、地獄谷とも呼ばれていました。それは、この地には夥しい数の死骸が放置され、多くの病人や乞食や浮浪者がいたからです。鎌倉にひとたび流行り病などが起これば、重篤な罹患者や病死した者や、あるいは戦いで斃れた者たちは、鎌倉の都から、都の外であるこの地に排除されてきたのでしょう。まさに、地獄をみるような光景であったと伝えられています。そのような地獄谷に正反対の名前を持つ極楽寺という寺院が建立されたのはなぜでしょうか。とても興味深いことですので、少し推測してみましょう。

ひとつには、当時の社会を覆っていた末法思想の影響があると思われます。末法思想というのは、釈迦が入滅したのち、時を経るに従い教えが廃れていき、やがて人も社会も救われない世になるという仏教の思想です。年代については議論があるのですが、当時の日本では、一〇五二年（永承七）に末法を迎えるという説が広まっていました。栄華を極めた藤原氏（道長・頼通）の勢いに影が差し、公家にかわり武士が台頭、そして、次の時代の担い手を巡って保元の乱、平治の乱、源平合戦など戦乱が続けて起こります。また、一一世紀の終わり頃には、畿内にも大きな被害を及ぼした永長地震、康和地震（承徳地震）などの災害が発生するなど社会が不安になる材料が続発し、末法思想は強く信じられるようになりました[2]。人びとは「世の末」となった現世ではなく、死後の世界に希望を持ち、極楽浄土に往生することを願うようになります。浄土教あるいは浄土思想といわれる世界観です。

極楽浄土に行くための方法として、西に沈む太陽を見て、その光景を心に留める「日想観」と呼ばれる修行がありました[3]。忍性を調べてみると、彼は聖徳太子が難波に建立したとされる四天王寺を尊んでいたようです。四天王寺には、日想観の修行の中心地としてにぎわっていた場所がありました。それは四天王寺の西門付近で、そこから真西の方向には、本州と淡路島を横に配した瀬戸内の海がみえます。その先に極楽浄土（西方浄土）がある、つまり、四天王寺の西門は、極楽浄土の東門とされ、病気の者や貧しい者などが来世での救済を求めて集まっていました。西門信仰と呼ばれるものです[4]。

ここで極楽寺のことをもう一度考えてみましょう。極楽寺が建立された地域は地獄谷とも呼ばれており、死骸が放置され、病人や乞食や浮浪者が多く集まった末法世界の様を観ているような場所でした。ここに集う人びとは現世に希望を持っていなかった（持てなかった）と考えられ、せめて極楽往生を遂げたいと願っていたことでしょう。そして、この地からは海は見えませんが、鎌倉の都から西に通ずる道の途上にありました。言い換えれば、地獄谷と呼ばれたこの地は鎌倉の都の西の境と言える場所だったのです。忍性は、ここに西門信仰を求め、四天王寺の西大門（極楽門）たるべき寺院として極楽寺を建立したのではないでしょうか。また、『四天王寺縁起』によると、四天王寺は聖徳太子が寺の建立に際して、四箇院の制をとったことが記されています。四箇院とは、仏法修行の場である敬田院、病気の者に薬を施す施薬院、病人を収容してその治療をする療病院、孤児や老いた人を収容する悲田院の四つのことで、敬田院は寺院、施薬院は薬局、療病院は病院、悲田院はある種の社会福祉施設のようなものと考えてよいでしょう。忍性もまた極楽寺に、悲田院、癩宿、寮病院などを設けています[5]。自らの求めた道である救済という修行を行なった極楽寺に、忍性の仏道がみえてきます。

前段の説明が長くなりましたが、このように古い歴史を持つ極楽寺は、現在では、町中のこぢんまりとした寺院に見えます。しかし、この地が極楽寺という町名であることに注目してみましょう。極楽寺は全盛期には金堂、講堂、十三重塔などの堂々たる伽藍を配し、そのほかに四九もの塔頭を備えた大寺院でした[(6)]。また古絵図を見ても、極楽寺の寺域は、現在の江ノ電極楽寺駅、稲村ケ崎小学校も含む広大なものであることがわかります。これらのことはこの地が極楽寺と呼ばれた所以でありましょう。極楽寺は鎌倉の地で真言律宗の寺院として静かに長い時の営みをおくってきたのです。

「俺たちの朝」が放った光

時は経ち近代を迎え、旅の案内書が次々と刊行されましたが、極楽寺の紹介はほとんど見られませんでした。やがて江ノ電が開通し、極楽寺の名を冠した駅が開業しましたが、駅もまた静かな佇まいのまま、時を過ごしていたのです。しかし極楽寺駅の開業から、七〇余年の時を経て、突然この地が脚光を浴びるときが来ました。きっかけは、一九七六年（昭和五一）一〇月から翌年一一月にかけて放送された日本テレビ系列のテレビドラマ「俺たちの朝」でした。大学を中退したオッス（勝野洋）とチュー（小倉一郎）は先輩を頼ってやってきた鎌倉でカーコ（長谷直美）という女子大生と出会い、三人で共同生活を始めます。三人はそれぞれ、ヨットで世界一周、役者、染織デザイナーを志し、ジーンズショップを開き、未来を夢みます。しかし、ジーンズショップはやがて閉店となって、三人は厳しい現実と向き合うことになります。大学生世代の若者の夢と挫折を描いた青春ドラマの「俺たちの朝」は大人気を博し、その舞台となった鎌倉は注目を集めました。

特にたびたびテレビ画面に登場する極楽寺駅は、ドラマに憧れて訪れる人びとが急増し、中にはドラマの役柄に似せた装いで来訪する人もいて、極楽寺族と呼ばれていました。ドラマが放送される前には、休日でも七百人か八百人ほどだった極楽寺駅の一日の乗降客は、一九七七年のゴールデンウィークには、五月一日に八千人、三日には一万人を数えたといいます。その大部分は、中学生・高校生から、二〇歳前後の人ということで、作品と同世代か、これから迎える近い将来に夢を描く世代だったことがわかります。極楽寺駅には、テレビ局がファンレターボックスを設置しており、そこには様々なメッセージが投函されていました。それによれば極楽寺への来訪者は関東一円から関西まで及んだといいます[(7)]。このように、作品の舞台となった地を巡る人びとのことを、仮に『俺たちの朝族』と称して、「俺たちの朝」放送に際して、江ノ電に起きたこの現象について、共通事項のある作品を比べてみましょう。

「俺たちの朝」までに同じ放送枠で制作された一九七〇年代の作品と主役を列記すると、「姿三四郎」(竹脇無我)[(8)]、「闘魂」(あおい輝彦)[(9)]、「おれは男だ！」(森田健作)、「飛び出せ！青春」(村野武範)、「おこれ！男だ」(森田健作)、「てんつくてん」(三波伸介)[(10)]、「われら青春！」(中村雅俊)、「水もれ甲介」(石立鉄男)[(11)]、「おふくろさん」(石立鉄男)[(12)]、「俺たちの旅」(中村雅俊)、「俺たち

「学園ドラマ（日本テレビ系列／日曜20-21時枠）」

作品	キャスト	作品の舞台 あるいは主な撮影地	放送年月
おれは男だ！	森田健作・早瀬久美	鎌倉市・藤沢市	1971年2月〜 1972年2月
飛び出せ！青春	村野武範・酒井和歌子	上野原市・下田市	1972年2月〜 1973年2月
おこれ！男だ	森田健作・石橋正次	三浦半島	1973年2月〜 1973年9月
われら青春！	中村雅俊・島田陽子	上野原市・下田市	1974年4月〜 1974年9月
俺たちの旅	中村雅俊・田中健	吉祥寺・井の頭公園	1975年10月〜 1976年10月
俺たちの朝	勝野洋・小倉一郎	鎌倉市	1976年10月〜 1977年11月

〔出典〕『朝日新聞』各年

の朝」（勝野洋）と続きました。このなかで学園・学生モノは、表に示した「おれは男だ！」「飛び出せ！青春」「おこれ！男だ」「われら青春！」「俺たちの旅」「俺たちの朝」となります。

「飛び出せ！青春」と「われら青春！」はドラマの設定が同じ高校になっており、主な撮影は山梨県上野原市で行われ、ロケ地となった高校には、休日に多くの人が訪れたといいます。『俺たちの朝族』との違いは、この来訪はドラマの舞台となった地を巡ることではなく、ドラマの撮影の見学そのものが目的だったことです。そこには、演じている役者がいて、そしてロケが終われば来訪もなくなってしまうのです。

また、ドラマの舞台の共通性では、「おれは男だ！」が「俺たちの朝」と同じように、湘南の設定で、鎌倉市の由比ヶ浜、稲村ヶ崎、材木座、藤沢市にある高校などで撮影されています[13]。撮影地はいずれも名のある観光地であり、江ノ電も登場していますが、この時には、『俺たちの朝族』のように舞台となった地を辿る人びとが殺到したという現象は起きず、江ノ電もそれほど話題にはなりませんでした。「おれは男だ！」放送の折には、剣道着を身につけた主人公・小林弘二が海岸を走るシーンがたびたび登場し、この作品には海のイメージも大きいのですが、小林弘二を演じる俳優・森田健作の印象のほうが強く、彼に注目が集まったからかもしれません。「おれは男だ！」に海のシーンは必要だったわけですが、それには湘南の海であることの必然性はなく、また舞台が鎌倉であることの重要性は薄かったと考えることができます。

　また、映像関連で別の例を挙げると一九六三年封切の映画、黒澤明監督作品「天国と地獄」[14]では、製靴会社重役の子どもと間違えて、重役の運転手の子どもが誘拐され、犯人はそのまま重役に身代金を要求するという事件が発生します。子どもは解放されるのですが、身代金は犯人にわたり、警察の必死の捜査の末、犯人逮捕に至ります。この作品は、誘拐された子どもが捉えられていたアジトを突き止める材料として、江ノ電が重要なカギとなっているもので、「天国と地獄」に登場する鉄道は江ノ電でなければならなかったのです。「天国と地獄」は多くの映画賞を受け、また誘拐については模倣とおぼしき事件も起こるなど社会にも大きな影響を与えましたが、映画の展開のカギとなった江ノ電への関心には繋がりませんでした。

極楽寺である必然性

ここに挙げたテレビドラマの多くは、そのシーンが、「町」であること、「山」であること、「海」であることとの必要性があってもロケ地に選んだ場所には必然性がなかったと言えます。また、「天国と地獄」については、江ノ電である必要性はありましたが、誘拐事件という非日常の作品であり、自分たちに置き換えたり、将来を描いたりというような学園ドラマとは異なる世界だったためか、ロケ地を来訪するブームには至りませんでした。『俺たちの朝族』の誕生には、演じる俳優たちへの憧憬もさることながら、視聴者（若者）が物語の展開に自分たちを重ね合わせていける作品だったこと、そして、ロケ地が首都圏からのアクセスが良い手軽な地だったことが背景にあります。その上で、鎌倉という地が単なるロケ地ではなく、作品を描く背景として意味を持つものであったからこそ、この地を巡るという行動が起きたのだと考えられます。ロケ地を巡ることで作品を自分のなかで追体験するような感覚を楽しんだのでしょうか。そのなかで、画面に映し出される駅が、極楽寺駅であったことが、同じ江ノ電でも鎌倉駅や長谷駅、江ノ島駅とは別の効果があったはずです。すでに著名な観光地で、多くの来訪者を得ているこれらの駅とは異なり、極楽寺駅は花が美しい風情ある寺院として極楽寺を来訪する人びとを迎えていましたが、それでも当時の江ノ電のなかでは、「地味」な駅でした。観光客が少なかったこの地を訪れる人は、「俺たちの朝」放送以降は、ほとんどが作品のファンで、別の目的で訪れている観光客が少なかった極楽寺駅周辺地域は言うなれば、『俺たちの朝族』による地域の独占が可能だったため「俺たちの朝」の世界観が大きく投影でき、そういう点からも極楽寺駅が作品の象徴として採用されていたことは有利に働いたと考えられるのです。

一方、観光客の増加に対し、江ノ電は協力的だったと言えましょう。一九七七年四月二九日には、ドラマのシーンが掲載された記念乗車券・駅シリーズ「極楽寺」を発売しています[15]。江ノ電が最初に記念乗車券を発売したのは、一九四九年の江の島弁天橋開通記念だったといいますが、その後、しばらく新たな記念乗車券の企画はありませんでした。一九七〇年代になって、江ノ電開通七〇周年（一九七二年）、藤沢新駅高架乗入（一九七四）、江の島神社遷座（一九七六年）と発売されますが、一九七七年に発売されたこの記念乗車券は、駅シリーズとして発売された最初の一枚でした[16]。鎌倉の玄関口である鎌倉駅でもなく、鎌倉旅行では、ほとんどの人が訪れるであろう鎌倉大仏の最寄駅である長谷駅でもなく、また日本三大弁天に向かう江ノ島駅でもなく、極楽寺駅が駅シリーズのスタートだったのです。その後、江ノ電や江ノ電沿線が映像に頻出するようになることを考えると、それは象徴的なできごとと捉えることができます。

記念乗車券・駅シリーズ「極楽寺」は、空前の極楽寺ブームの中で、三万枚を完売しました。極楽寺という鎌倉の静かな地区が一日に一万人の人が来訪するような観光地になってしまったことと同時に、江ノ電は映像のなかで、実に存在感を持つ鉄道として走るようになりました。それは、単に電車が走っているシーンというのではなく、江ノ電が走ることでシーンが無言の意味を持ち、また、作品の意図の一部を担う役割を果たすことが多く、ほかの鉄道では代替が利かないものなのです。隣駅の稲村ヶ崎周辺地域も、一九九〇年に公開された映画「稲村ジェーン」により、その地名がさらに知られるようになりました。テレビや映画などの映像文化のなかで、江ノ電や沿線が登場した例は、数えればきりがないほどです。

コンテンツツーリズムの勃興

近年、「聖地巡礼」という言葉をよく耳にします。聖地巡礼とは、もともと宗教用語で、宗教上の聖地（神聖視される土地や地域）や霊場を祈って巡ることを指しますが、近年では、小説、漫画、ドラマ、映画、アニメーション、ゲームなどの作品に関わりの深い場所を巡ることをいいます。作品のロケ地であるとか、登場人物に縁のある場所を来訪するのですが、かつては情報が不特定多数の人に伝わるには時間もかかりましたが、現代ではインターネットの普及により、瞬時に情報が拡散します。放送されたテレビ番組の情報が、その日のうちに流れてくることも珍しくはありません。関係する地域の特定など様々な情報がインターネットでやり取りされることで聖地巡礼もまた盛んになったと言えるでしょう。

聖地巡礼という言葉は、主として漫画、アニメーションやゲームのような描画の世界で使われることが多く、実写の映画はフィルムツーリズム、あるいはシネマツーリズムと称されます。また、小説やドラマ、映画、漫画、アニメーション、ゲームなどを包括して扱う場合は、コンテンツツーリズムと呼ばれます[17]。コンテンツツーリズムは、例えば小田急江ノ島線で江の島に遊びにきた観光客が、駅舎を出て、すぐ現れる弁天橋を見て、「ここって、〝ピンポン〟で主人公が飛び降りた橋じゃない？」と感激するというような、現地から作品のロケ地を想うというものとは異なります。（「ピンポン」とは卓球を題材に少年たちの友情と成長を描き、藤沢市が作品の舞台となった映画[18]）主人公が飛び降りた弁天橋を訪れて、そして、子どものころのエピソードがある下諏訪神社に、その後、卓球の特訓を受けていた上諏訪神社へ、というようにロケ地を巡ることを観光の目的とし、作品から目的を決めて観光するのがコンテンツツーリズムなのです。

コンテンツツーリズムが発展してきたのは、受け手である読者や視聴者が、作品の背景に重要な意味があると捉えるような作品が増えてきたことも理由のひとつです。そして、作品に縁のある地域を訪れ巡る、という行為が作品を楽しむ方法として定着していくと同時に、地域にとっては新たな観光資源となってきているのです。現在の映像作品との関係で考えると、極楽寺という小さな駅は、江ノ電を映像文化のなかで類まれな存在感を持つ鉄道へと発進させ、また江ノ電沿線を単なるロケ地ではなく、物語の舞台としてクリエーターにひらめきや想像力をかきたてる地として世に知らしめる契機となった駅と位置づけることができるでしょう。

【註】

(1)「鎌倉七切通」（鎌倉市役所ＨＰ）https://www.city.kamakura.kanagawa.jp/kamakura-kankou/meisho/117kiridoosi.html（二〇一八・七・一九閲覧）

(2)高柳光寿・竹内理三編『角川日本史辞典　第二版』(角川書店、一九七四年)
(3)松村明編『大辞林　第三版』(三省堂、二〇〇六年)
(4)『日本経済新聞』二〇一四年一〇月四日
(5)菅沼晃ほか編『仏教文化事典』(佼成出版社、一九八九年)八七〇頁
(6)白井永二編『鎌倉事典』(東京堂出版、一九九二年)一一八〜一一九頁
(7)『朝日新聞』一九七七年五月八日
(8)日本テレビ系列、一九七〇年一月—九月放送、〔出演〕竹脇無我・菅原謙次
(9)日本テレビ系列、一九七〇年一〇月—一九七一年二月放送、〔出演〕あおい輝彦・沖雅也
(10)日本テレビ系列、一九七三年一〇月—一九七四年三月放送、〔出演〕三波伸介・司葉子
(11)日本テレビ系列、一九七四年一〇月—一九七五年三月放送、〔出演〕石立鉄男・原田大二郎
(12)日本テレビ系列、一九七五年四月—九月放送、〔出演〕石立鉄男・吉沢京子
(13)加藤厚子「映像が創る『湘南』」(「湘南の誕生」研究会編『湘南の誕生』所収、藤沢市教育委員会、二〇〇五年)二一六頁
(14)「天国と地獄」(東宝)、〔監督〕黒澤明、〔出演〕三船敏郎・仲代達也・山崎努、一九六三年
(15)『朝日新聞』一九七七年五月八日
(16)江ノ電ファンクラブ(野口雅章編著『走れ　江ノ電』江ノ電沿線新聞社、一九九四年)六七〜六九頁
(17)加藤厚子「小津安二郎と映画人のネットワーク」(茅ヶ崎市史編集員会『ヒストリアちがさき』第一〇号、茅ヶ崎市、二〇一八年)
(18)「ピンポン」(アスミック・エース)、〔監督〕曽利文彦、〔出演〕窪塚洋介・ARATA・中村獅童、二〇〇二年

第八章　鎌倉を愛した文士たち

鎌倉文学館

江ノ電唯一のトンネル

極楽寺駅と長谷駅の間は、山によって都との境が形成されており、江ノ電が延伸するにはその山を越さねばなりませんでした。そして、それには隧道を開削することが避けられなかったのです。この付近の地質は固かったにもかかわらず、第一章でも述べましたが、当時のことですから、工事はツルハシを使って、全長二〇九メートルにわたる隧道開削の全工程を人力で掘りぬいたといいます。大層な難工事であったことが推察できますが、昼夜兼行で作業は行われ、一九〇六年（明治三九）六月の起工式から、八ヵ月後の一九〇七年二月に隧道工事は竣工します。この隧道は、極楽寺駅側には後に朝鮮総督を務めた曽禰荒助の筆による「極楽洞」、そして長谷駅側には、総理大臣も務めた松方正義の「千歳洞」の文字が刻まれているように、ふたつの名称があります[1]。極楽洞は、二〇一四年（平成二六）に土木学会選定土木遺産に認定されています。

こうして苦難の末、江ノ電は山という壁を越え、一九〇七年に大町まで延伸します。大町は横須賀線の鎌倉駅と徒歩連絡圏内でしたから、江ノ電は鎌倉からの長谷寺や鎌倉大仏（高徳院）への参拝客という新たな需要を得ることになりました。

田山花袋の旅案内

自然主義派の小説家・田山花袋は、紀行文でも多くの作品を残しています。『日本新漫遊記案内』のなかで、田山花袋は長谷の様子を次のように述べています。

由比ヶ浜の四部、人家漸く多く、炊烟また盛なり。これ、長谷と称する地にして、今は鎌倉中この地の繁華に比すべきものなく、長谷寺より起れる一道の坦途には、旅店、料理店、軒をつらね、甍をならべて、夏の月ある夜などこの地を散策すれば絃歌の声は別荘の琴声と相和し、宛然東京の市街の如し。[2]

長谷が鎌倉で一番の賑わいの地域で、長谷寺からの道筋には、旅館や飲食店がびっしり軒を並べているると記していいます。それは東京の市街地のようだ、と表現するほど盛況の様子です。『日本新漫遊記案内』が刊行されたのは江ノ電の極楽寺・大町間が開業したのと同じ一九〇七年（明治四〇）ですが、田山花袋がこの紀行文を著したのは、もう少し前のことのようです。なぜなら、鎌倉から江の島への道順を示す文章が「鎌倉長谷より星の井の前を過ぎ、極楽寺切通を過ぐ。此地は新田義貞が鎌倉を攻めし時、苦戦して其将大舘を失ひしところなり。切通を出づれば、電車あり。これに乗ずれば、直ちに海岸に出づ」[3]とあるからです。江ノ電の延伸や隧道のことに田山花袋が全く触れていないことから、極楽寺駅開業の一九〇四年四月から延伸工事着工前の一九〇六年六月までの間だったかもしれません。

『日本新漫遊記案内』を刊行した一一年後に書かれた『一日の行楽』で田山花袋に再び登場してもらい、「鎌倉」の項に沿って観光ルートを追ってみましょう。鎌倉で鶴岡八幡宮、頼朝の墓、荏柄天神社などを巡った後、鎌倉宮で無念の死を遂げた護良親王に想いを馳せた後、「で、（＊自分は）此処から引返す」[4]と一文を入れ、その上で鎌倉宮からの旅の案内としては葛西ヶ谷に行って北条氏の史蹟を見てもよいし、材木座の方に行ってもよい、といくつかの観光地を紹介しています。その後、田山花袋は宣言通りに鎌倉宮から鶴岡八幡宮に戻り、次に巨福呂坂切通を通って、建長寺、円覚寺方面へのルートを細かく解説していきます。そして、円覚寺からは、扇ヶ谷を通って化粧坂に行けば、そこから長谷の方に出ることができる、という説明をするのですが、それは、またもや案内だけで、「しかし、（＊自分は）此路を行くよりは、再び八幡前に引返す。そして其処に待つてゐる電車に乗る。長谷はすぐである。」[5]と鎌倉駅まで戻って、江ノ電に乗車することを薦めています。横須賀線に北鎌倉駅が設置されたのは一九二七年（昭和二）、それも住民の請願による期間限定の北鎌倉仮停車場で、正式な駅となったのは、それから三年後の一九三〇年でした。『一日の行楽』が刊行された一九一八年（大正七）には、まだ北鎌倉駅はなく、鎌倉駅までは歩いて戻るのですが、『日本新漫遊記案内』のときには、まだ鎌倉まで開通していなかった江ノ電という新しいルートがあるからでしょうか。『一日の行楽』の文章からは、江ノ電でのアクセスを強く推しているように感じとれます。

鉄道に関する業務を管轄していた現在の国土交通省の機能の一つである鉄道院が一九一二年に刊行した『遊覧地案内』にも、鎌倉来訪には横須賀線で鎌倉駅を利用するのが便利、と案内するとともに、「鎌倉へ遊ばむには、東海道本線藤沢駅よりするもよし、其間電車の便あり。」[6]と電車、つまり江ノ電が鎌倉・藤沢のいずれの駅とも接続していることを案内しています。江ノ電は大町延伸により、観光客を鎌倉から長谷まで一足飛びに運ぶという流れを作ったのです。同時に、長谷寺や大仏への参詣が手軽になることで、それまでの海水浴を代名詞とする避暑中心の観光地から、夏季以外の鎌倉観光を促す役割を果したとも言えましょう[(7)]。

文学散歩

ここまで案内人の役を務めてもらった田山花袋は自然主義文学の代表的な作家でした。田山花袋にちなんで長谷を少し違う視点から見てみましょう。

歌人・与謝野晶子が「かまくらや　みほとけなれど　釈迦牟尼は　美男におはす　夏木立かな」と詠んだのは、鎌倉大仏として著名な高徳院の阿弥陀仏のことです。阿弥陀仏を釈迦牟尼と詠んだことで議論になったこともありましたが[(8)]、ともかくも大仏を「美男」と表現したことは、人びとに素直な驚きと新鮮な魅力を与えたことと思います。高徳院の境内には、ほかにも、高浜虚子の娘で、初めての女性主宰誌『玉藻』を創刊・主宰し、中村汀女・橋本多佳子・三橋鷹女とともに四Tとも称された俳人・星野立子の句碑「大佛の冬日は山に移りけり」[(9)]、和歌の革新運動を行い自然叙景の歌を提唱した歌人・金子薫園の歌碑「寺々のかねのさやけく鳴りひびき　かまくら山に秋かぜのみつ」[(10)]、高徳院前にあった鎌倉病院の医師で高浜虚子に師事した飯室謙斉の句碑「春の雨かまくらの名も和らぎて」[(11)]、そして、高徳院の墓地にある小説家の吉屋信子の墓碑の傍らには、「秋燈下机の上の幾山河」(12)の句碑など、文学に関係する数点の碑が建てられています。

美形の大仏と歌に詠んだ与謝野晶子は、昭和初期に夫の与謝野鉄幹とともに稲村ガ崎の有島生馬邸や知人の別荘、海浜ホテルに滞在するなど、たびたびこの地に来遊しています。また、鉄幹が一九〇一年（明治三四）の正月に二〇世紀を迎えるため新詩社の同人たちと焚火をした場所は、鎌倉の由比ヶ浜海岸でした。星野立子は、幼少の頃に父・高浜虚子らとともに鎌倉に移り住んで、この地で育っています。墓所も鎌倉の寿福寺にあり、二階堂には、鎌倉虚子立子記念館が建てられています。鎌倉と文学とは深いつながりがあるようです。

鎌倉は古くからの著名な伝承や歴史があり、由緒や沿革をもつ古い神社仏閣が鎮座し、そして、山と海が奏でる美しい風景、これらは特に近世以降になって大きく発展した関東地域、つまり古い歴史的遺産や名所に類するものが乏しい関東地域において、鎌倉という地は大変貴重な地域だったのです。近代以降、東京で活動する芸術家たちが鎌倉や湘南で時間を過ごすことが多かったのも、その感性が求めるところがあったからだと考えられます。

馬込と田端の文士村

芸術家も美術、音楽など各方面ありますが、その中に文筆を職業とする人を表す文士という言葉があり、文筆家や芸術家の住まいが集まり、文士村と呼ばれていた地域がありました。東京府荏原郡馬込村（現在の東京都大田区馬込・山王・中央あたり）を中心に形成された馬込文士村、東京府北豊島郡滝野川町字田端（現在の東京都北区田端）の田端文士村などが知られています。

馬込では、明治の終わりころ、最初に芸術家や詩人らが山王一帯に集まっていたことが始まりでした。それからしばらく経った一九二三年（大正一二）に、のちに馬込文士村の中心的な存在となる尾崎士郎が引っ越してきました。尾崎士郎は多くの文士を馬込に誘い、大正末期から昭和戦前期の馬込文士村には、尾崎士郎、広津和郎、宇野千代、間宮茂輔、吉田甲子太郎、萩原朔太郎、北原白秋、室生犀星、川端康成、村岡花子、吉屋信子、小島政二郎、山本周五郎など多くの文士たちが居住し、親密に交流したといいます[13]。

また、田端も当初は芸術家が集まる地域だったようです。一八八七年（明治二〇）に上野に官立の東京美術学校（現在の東京芸術大学）が開校したことにより、農村だった田端近辺に若い芸術家たちが暮らしだしたことが始まりだといいます。一九〇〇年に画家の小杉放庵が下宿し、一九〇三年には陶芸家の板谷波山が窯を築きました。その後、多くの芸術家が彼らのまわりに集まるようになり、田端は芸術家村になっていきました。そして、一九一四年に芥川龍之介が、一九一六年には室生犀星が田端に居住するようになり、このふたりのもとに、萩原朔太郎、菊池寛、堀辰雄、佐多稲子らが集まり、大正末期から昭和戦前期にかけて文士村が形成されていったのです[14]。

馬込も田端も同じように東京郊外で、かつては田畑の広がる農村地帯でした。馬込は一八七六年に東海道線の大森駅が開業し、田端も一八九六年に私設鉄道の日本鉄道（のち国有化。現在のJR東日本・東北本線）の駅として田端駅が開業すると、馬込も田端も農村から住宅地へと変貌していきました。そして、一九二三年の関東大震災の発生により、多くの人口が流入してきて、さらに賑わう街になったということも共通点です。また戦争の災禍により文士たちの交流が衰退し、文士村が消滅していったという、その後に辿った道筋もよく似ています。

鎌倉文士

ここに文士村とは、やや異なる意味合いで同じ地名を冠した文士という単語が使われている言葉があります。「鎌倉文士」です。この舞台は、もちろん鎌倉ですが、馬込文士村や田端文士村とは別の様相を持っているようです。

鎌倉は観光地で、関東で唯一の古都とも言えます。文士たちの興味を強くひく地でありますから、この地を訪れ、作品につなげた文士は枚挙にいとまがありません。一九二四年（大正一三）に里見弴が、翌一九二五年に久米正雄が鎌倉に引っ越してきます。同じ御成町で暮らすふたり、そして、それ以前から長谷に住んでいた大佛次郎、彼らのまわりには、後に鎌倉で暮らし始めた小林秀雄や今日出海ら文士たちが集まるようになり、やがて彼らは、親睦と文化活動の場として「鎌倉ペンクラブ」を組織しました。会長は久米正雄、副会長は大佛次郎が務めていました[15]。一九三八年（昭和一三）の鎌倉ペンクラブの名簿には、林房雄、大仏次郎、大森義太郎、大岡昇平、太田水穂、川端康成、横山隆一、中里恒子、野田高梧、山本実彦、山田珠樹、今日出海、小杉天外、小林秀雄、小牧近江、里見弴、三好達治、島木健作、神西清の名もあり、四二名の会員が名を連ねています。会則によれば、会の目的は「会員相互の親睦の為の社交機関たると共に文化団体としての使命を果たすに在り」となっています。[16] 鎌倉ペンクラブという看板を掲げての活動は、あまり見受けられないようですが、「文化団体としての使命を果たす」という言葉に注目して、文士たちの動きをみていきたいと思います。

一九三四年には、久米正雄と大佛次郎の発案で、仮装パレードやダンスなどが街中で繰り広げられる「鎌倉カーニバル」という祭を久米正雄が実行委員長になって開催しています。[17] 久米正雄は、一九三二年、鎌倉町会議員選挙に立候補してトップ当選を果たし、鎌倉町議会議員を務めていました。文学の創作活動を行いながら、町政に関わり、大佛次郎とともに鎌倉に新しい行事を提案していったのです。鎌倉カーニバルは、謝肉祭を模したもので、第一回の祭りでは、行列が鎌倉駅から市内を練り歩き、この回の祭神であった竜神の人形を由比ヶ浜海岸で海に流しています。鎌倉カーニバルでは、毎回様々な祭神が登場し、人びとはともに踊り、歌ったようです。戦時中は中止になりましたが、一九四七年に復活し、鎌倉の夏の風物詩として一九六二年まで続きました。[18] その後五〇年以上途絶えていましたが、近年復活し、現在、新たな市民のお祭りとして活気を呈しています。

一九三六年の冬に久米正雄らの動向を報じた新聞記事があります。「鎌倉ペンクラブの文人達は夏のカーニバルだけでは満足出来ずに、今度古都に因んで資朝祭りを計画、二十四日久米、大佛、里見の文人達が集まって大真面目に計画を進めるといふ」[19]と、新たなお祭りの構想に取り組んでいたことがわかりますが、この記事のタイトルには、「鎌倉文士」という言葉が使われていました。

文士のチカラ

鎌倉カーニバルの企画など、鎌倉文士たちの活動は、自分たちの創作活動への刺激や、仲間同士の親睦のためだけではなく、鎌倉の人びとをいい意味で巻き込んだものでした。鎌倉の人びとから愛された鎌倉文士は、同時に鎌倉という地域をこよなく愛し、その向上を目指していたようです。一九三七年（昭和一二）の新聞記事には、「『鎌倉の大学』講師と講題」と題し、「鎌倉在住の文筆家を以て昨春から組織されて居る鎌倉ペンクラブでは文化鎌倉の一助に文化会館、鎌倉図書館の設立等の資金の一助として八月一日より鎌倉駅前明成小学校（＊御成小学校カ）に『夏期大学』を開講する」[20]と報じられています。記事からは、鎌倉の文化施設の建設のために、多くの文士たちが力を寄せていることがわかります。文学や芸術に関係する講座と講師を見てみましょう。

小説について（第一講）　大佛次郎／江戸演芸に現れた鎌倉　呉文炳／小説について（第二講）

小林秀雄／文芸雑談　横光利一／小説について（第三講）　川端康成／レオナルド・ダ・ヴィンチ　児島喜久雄／小説について（第四講）山田珠樹／小説について（第五講）小杉天外／小説について（第六講）　昇曙夢／小説について（第七講）　深田久弥／昔の鎌倉　亀田輝時／小説について（第八講）林房雄／小説について（第九講）島木健作／西洋音楽の観賞　野村光一

新聞に掲載されている講座は二〇講座ですが、ここに挙げた一四講座のほかに開講している六講座は、政治・経済・国際関係・医学（健康）・技術分野の講座です。また、全講座の半分にあたる一〇講座が文学に関係していることは注目に値します。

第二次世界大戦の終戦も近くなったころ、鎌倉文士は若宮大路に一軒の店を開きます。文士たちが蔵書を提供して、書籍を有料で貸す貸本屋で、高見順により「鎌倉文庫」と名づけられました。鎌倉文庫は会員制の貸本屋で、利用したい者は保証金を預けて会員になります。会員は借り出す書籍の内容や日数に応じて料金を支払います。店の世話をする人には若干の収入にもなり、そして、書籍を提供した文士たちには利益配当を行なうというシステムになっていました。鎌倉文庫は新聞に紹介される機会もあり、会員も増えていったのですが、店の世話などはボランティア状態になることも多かったといい経営は楽ではなかったようです。しかし、なにより優良な書籍を読む機会を設けることで、世情不安にあった地域の人びとに落ち着きや明るさを与えることができたこの有益な事業は、文士たちなればこその企画だったと言えましょう[21]。

戦争が終わると文士たちは、さらに活動を拡げていきます。一九四五年に鎌倉在住の芸術家、演劇人、町内会長らの有志が鎌倉文化会を組織しました。鎌倉文化会は、青少年の教育に関心を持ち、翌一九四六年一月に新しい教育者による思いきった教育方法で人材の養成をめざす大学を鎌倉につくるという主旨で大学設立準備に入ります。大学の校舎は鎌倉山に建設するという青写真でしたが、その直後の二月に公布・施行された金融緊急措置令（昭和二一年勅令第八三号）により、資金が凍結されるなどの障害が生じ、大学の建設は困難となりました。それでも三月には神奈川県から各種学校としての認可を得て、材木座の光明寺に仮校舎を借りて、四月には入学試験の実施に何とかこぎつけました。一二〇名の募集定員に対し、全国から四〇〇名の志願者があったといい、世の中から高い注目を集めていたことが推察できます。

大学には当初、産業科、文学科、演劇科の三科が開設され、のちに映画科が加わり四科となりました。この四科をみても、これまでの実学中心の教育から解き放たれた新しい教育をめざしていたことがわかります。教授陣も文学者や芸術家が多く名を連ねており、村山知義（演出論）、吉野秀雄（国文学）、中村光夫（仏文学）、神西清（世界文学）、高見順（創作指導）らがいました。一九四八年には校舎が光明寺から横浜市戸塚区の旧海軍燃料廠跡地に移転し、鎌倉大学校から鎌倉アカデミアと名称も変わりました。しかし、既成の大学教育機関が六三三四制のなかで新制大学として改編されていくなか、鎌倉アカデミアは文部省（当時）から大学の認可を得られることはなく、経営が困難となり、一九五〇年に四年半の歴史に幕を引きました[22]。

鎌倉という街を

高度経済成長期に入り、世の中が大きく変化しても、鎌倉文士の鎌倉に対する思いは変わっていなかったようです。鎌倉という土地と人と風土を愛する鎌倉文士は、第六章で述べた鎌倉の開発問題を看過できなかったのです。

一九六三年（昭和三八）、鶴岡八幡宮の裏山にあたる御谷地区（八幡宮供僧二十五坊跡）に、宅地造成の計画が持ち上がり、業者が雑木林を伐り始めました。鶴岡八幡宮宮司ら地元の「御谷照光会」や「鎌倉の自然を守る会」とともに一般市民も、御谷宅地造成反対運動に同調し、わずか一週間で二万を超える署名を集めて、神奈川県および鎌倉市に陳情を行ないました。御谷騒動とも呼ばれる反対運動です。一年間にわたる話し合いの結果、事業者が開発を断念し、（財）鎌倉風致保存会が残地を買収することで反対運動は終わり、御谷は守られました[23]。この反対運動に参加した「鎌倉の自然を守る会」というのが、大佛次郎、川端康成、小林秀雄、里見弴、鈴木大拙らが組織していた鎌倉三日会が結成した団体でした。この運動は、鎌倉市や市議会に対し、自然や歴史的風土を無計画な開発から守るという姿勢を強く希望した市民の意思表示だったと位置づけることができます。また、のちに古都保存法（古都における歴史的風土の保存に関する特別措置法／昭和四一年法律第一号）が制定される契機のひとつになったことは広く知られているところです。鎌倉という街が「鎌倉」であるために、文士たちの強い気持ちが行動という形になったものが、御谷騒動に象徴される乱開発反対運動であり、古都を守るという法整備に繋がっていったのです。

鎌倉文学館に生きる文士たち

もういちど長谷の街に話を戻しましょう。与謝野晶子の歌碑などが建つ高徳院から江ノ電の長谷駅に向かって進んでいき、「長谷観音前」の交差点を長谷寺とは反対方向の左に進み、しばらく行くと「文学館入口」という交差点があります。そこを左に進んで行くと鎌倉文学館があります。国登録有形文化財にもなっているその建物は、加賀百万石と言われた前田利家の系譜である旧前田侯爵家の別邸でした。現在の建物は、関東大震災後に建て直され、長楽山荘と名づけられたものを一九三六年（昭和一一）に洋館に改築したものです。この前田家の別邸を佐藤栄作元首相が借り受け、別荘としていた時期がありました。その頃には、長谷に住んでいた川端康成をはじめ文士との交流があったといいます。また、三島由紀夫は作品のために別邸を取材したことがあります。取材をもとに描かれたのが、『春の雪』の別荘の描写シーンでした。旧前田侯爵家別邸は、文学と少なからず縁があったと言えましょう。

一九七六年に鎌倉の文学を研究することを目的に、「鎌倉文学史話会」が組織され、文学館設立活動を併せて行いました。一九八一年に、鎌倉市が文学館建設について検討をはじめると、里見淳、今日出海、小林秀雄、永井龍男、清水基吉ら鎌倉文士たちは「文学史料館建設懇話会」を作り、文学館の建設に向かって後押しをしました。そんな折、一九八三年、旧前田侯爵家別邸が鎌倉市に寄贈されます。鎌倉市は、かつて川端康成や大佛次郎や小林秀雄、吉屋信子が暮らした長谷の地に建つ旧前田侯爵家別邸を文学館として活用することにしました。一九八五年、鎌倉文学館は開館し、鎌倉ゆかりの文学者の文学資料を収集保存し、展示しています。[24]

馬込文士村や田端文士村は、多くの文士が集まり、親密に交流し、刺激を与えあい、作品へとつなげていきましたが、空襲の被害も大きく、昭和戦前期でその活発な交流は終焉を迎えました。鎌倉は、もちろんそれ以前も多くの芸術家が居住しているのですが、本格的な活動の始まりとなるのは、関東大震災後であると考えられます。しかし、鎌倉文士のネットワークは終戦で潰えることなく、その後の時代まで活動は続いていったことが大きな特徴です。また、鎌倉は文士村という地域ではなく、個々の人を表す文士という言葉で表現されました。かれらが住んだ地域が長谷、雪ノ下、二階堂、扇ガ谷、由比ガ浜など若干拡がりがあったことも理由かもしれませんが、文士同士の交流もさることながら、鎌倉の住民としての顔を持ち、地域の一員として活動していたことに因るのではないかと思います。

もうひとつ鎌倉文士の特徴と感じることは、この地を人生の最期の地としている文士が多いことです。川端康成、大佛次郎、吉屋信子は長谷、久米正雄、小島政二郎、今日出海は二階堂、小林秀雄、永井龍男は雪ノ下、高見順は山ノ内で人生を閉じました。[25]鎌倉文士たちは文壇で鎌倉組と呼ばれていたそうですが、その通り、鎌倉の地を深く愛する人たちでした。彼らの活動が鎌倉の地域形成に与えた影響は大きく、その功績はまさに筆舌に尽くしがたいと言えましょう。

【註】

(1) 江ノ島電鉄株式会社開業一〇〇周年記念誌編纂室編『江ノ電の一〇〇年』(江ノ島電鉄株式会社、二〇〇二年) 六五頁
(2) 田山花袋『日本新漫遊記案内』(服部書店、一九〇七年) 二八九頁
(3) 前掲『日本新漫遊記案内』二九八頁
(4) 田山花袋『一日の行楽』(博文館、一九一八年) 四五六頁
(5) 前掲『一日の行楽』四五八頁
(6) 鉄道院『遊覧地案内』(鉄道院、一九一二年) 二七頁
(7) 前掲『江ノ電の一〇〇年』六五頁
(8) 鎌倉文学館編『鎌倉文学散歩　長谷・稲村ガ崎方面』(鎌倉市教育委員会、一九九九年) 九九頁
(9) 前掲『鎌倉文学散歩　長谷・稲村ガ崎方面』一〇三頁
(10) 前掲『鎌倉文学散歩　長谷・稲村ガ崎方面』一〇三頁
(11) 前掲『鎌倉文学散歩　長谷・稲村ガ崎方面』一〇四頁
(12) 前掲『鎌倉文学散歩　長谷・稲村ガ崎方面』一〇五頁
(13)「馬込文士村ＨＰ」https://www.magome-bunshimura.jp/writer-artist/history/ (二〇一八・七・二九閲覧)
(14)「田端文士村記念館ＨＰ」http://www.kitabunka.or.jp/tabata/about.html (二〇一八・七・二九閲覧)

⒂鎌倉文学館編『新版　鎌倉文学年表』（鎌倉文学館、二〇〇四年）一六頁
⒃「鎌倉ペンクラブＨＰ」http://kamakurapen.club/about/（二〇一八・七・二九閲覧）
⒄前掲『新版　鎌倉文学年表』一六頁
⒅鎌倉市市史編さん委員会編『鎌倉市史　近代通史編』（吉川弘文館、一九九四年）三八二〜三八四頁
⒆『朝日新聞』一九三六年一二月二四日
⒇『朝日新聞』一九三七年七月三〇日（夕刊）
(21)前掲『鎌倉市史　近代通史編』五〇六〜五〇九頁
(22)前掲『鎌倉市史　近代通史編』五〇九〜五一四頁
(23)前掲『鎌倉市史　近代通史編』五二六〜五二八頁
(24)「鎌倉文学館ＨＰ」（http://www.kamakurabungaku.com/（二〇一八・七・二三閲覧）
(25)前掲『新版　鎌倉文学年表』一二三〜一二九頁

第九章　由比ヶ浜に海浜院ありき

由比ヶ浜海岸

ジェームス・カーティス・ヘボンの保養

　由比ヶ浜は、相模湾に面した稲村ヶ崎から材木座あたりの海岸を総称した名前で、鎌倉幕府の公式記録である吾妻鏡には前浜とも記されている海岸です。鎌倉時代には小笠懸や流鏑馬など武技の鍛錬所として使われる場所であると同時に、一八八六年（文治二）には、静御前の産んだ源義経の子が捨てられ、また一二一三年（建保元）の和田合戦では、和田義盛以下の一族がここで滅亡したと伝えられる数々の戦いの記憶が残る地でもありました[(1)]。現在では、海水浴場として人気が高く、シーズンには大勢の人で混み合う日本有数の海浜として明るく開放的なイメージで知られています。本章では、由比ヶ浜を題材に夏の代表的なレジャーである海水浴を考えてみましょう。

　海水浴といえば、大磯が発祥の地として著名ですが、海水浴の発祥を標榜する地は全国に複数あり、大変答えが出にくい問題です。その大磯に海水浴場を開いた功労者として、江戸時代には将軍の御典医、明治になって軍医となり、初代の大日本帝国陸軍軍医総監も務めた松本順（松本良順）の名をあげることができます。松本順は、徳川の時代に、長崎海軍伝習所での勤務を命ぜられ、その後、長崎の医学伝習所でオランダ軍軍医のポンペに蘭学を学びます。その時に西洋の書物の中で「海水浴」に出会い、ポンペから、ヨーロッパでは良い海岸がなくてなかなか実施できないが日本は海に囲まれているので適するところがあるだろうということ、海水浴は必ず有益であろうという言葉を得ますが、時代の制約もあり、松本順もこの時には、海水浴を積極的には実施することができませんでした。

時は移り徳川から明治の世になると、日本で暮らす外国人も増えてきました。彼らの中に米国長老派教会の医療伝道宣教師、ジェームス・カーティス・ヘボンがいました。ヘボンは一八五九年（安政六）に来日し、数度外国との行き来はありますが、一八九二年（明治二五）まで日本に居留しました。その間に日本語をアルファベットで書き表す方法であるヘボン式ローマ字の選定や数々の書物を刊行し、明治学院大学も設立しました。ヘボンもまた医師であり、神奈川の成仏寺や宗興寺で、週に三日ほど日本人の診療を行っていましたが、この診療については、アメリカ公使ハリスとの間の取り決めで、患者から謝礼を受け取らないことになっていました。ヘボンのもとには、一日平均百人の患者が訪れていましたが、一八六一年（文久元）九月に幕府から閉鎖命令が出されます。これは、外国人を横浜居留地へ移転させたいという幕府の目論見があったからです。施術所を閉鎖しても、なお患者が押し掛けるほどヘボンの診療を求める日本人が多かったといいますが、ヘボンは一八六二年の年末に横浜居留地に移転します[2]。居留地では外国人を診る医師は別におり、ヘボンは日本人の診療を行うことになっていました。しかし、居留地に医師が留守になることもあり、その折には外国人の診療もしており、その交流からもヘボンは人びとに敬慕されていきました。

しかし、日本での生活はヘボンの身体には苦痛を与えていたようです。特に夏の湿度が高いことなど日本の気候に身体が合わず、ヘボンは来日以来ずっと体調不良と闘っていました。リューマチに苦しむヘボンが行ったのが、富岡（現・横浜市金沢区）の海浜での保養でした。そして、彼を慕う居留地の外国人もまた、富岡の海浜に憩うようになり、富岡での外国人による海水浴が行われるようになったのです。

内務省衛生局──健康への道

一方、明治政府でも新しい動きがありました。公衆衛生について取り組み始めたのです。その手始めに行なったことが、一八七三年（明治六）に設置されていた文部省医務局を内務省に移管し、一八七五年に内務省衛生局を設置したことです。当時、日本はコレラなどの伝染病で多くの死者を出していました。内務省衛生局の設置は、国策に富国強兵を掲げていたにもかかわらず、多くの命が病で失われていくことに危機を感じ、国民が健康であるということの重要性が政府に意識されはじめた結果と考えられます。内務省衛生局では、伝染病対策や予防方法の啓蒙などを行ないましたが、衛生知識を普及させる目的で発行した『内務省衛生局雑誌』の例言には、情報を国内外から求め人びとに衛生についての利益と損害を広く知ってもらうことを目的に雑誌を発行するが、なかには長所も短所も両方存在するものもあろうかと思うので、そこは読む側で取捨選択してほしい、という内容が記されており、まだ手探りの状態であることがわかります[3]。

その『内務省衛生局雑誌』に「海水浴説」という論稿が掲載されたのは、一八八一年のことでした。日本でコレラが発症したのは、文政年間とされ、幕末期以降は度々の流行を繰り返していました。特に一八七九年には東京に大流行し、翌一八八〇年には、伝染病予防規則（明治一三年法律第三六号）が制定されています。この状況に対し、内務省はコレラ対策への有効手段として海水浴に目を向けたのです。

内務省衛生局の創設時に初代局長に任じられたのは、長与専斎で彼もまた幕末に長崎の医学伝習所のポンペ、ボードウィンのもとで西洋医学を学んだ医学者でした。のちに松本順が語った『海水浴法概説』という書に、「海水浴は疾病を治すのみではなく、健康な人体をもさらに益々健康にするものである。その効用は気温や湿度、風に吹かれて生ずる潮の流れによって差はあるが、皮膚の知覚神経を活発にし、血管を強くし、また海水の圧力に抗することで筋力をつけることができる。」[4]と記されているように、松本順・長与専斎のふたりが学んだ海水浴は、医療の一環としてのものでした。効能としては、「体質ヲ善良ニシ営養ヲ壮盛ナラシム」「新陳代謝及分泌機能ヲ催進セシム」「諸般ノ衰弱現象ヲ快復セシム」「貧血症状ヲ痊癒セシム」「皮膚及ヒ粘膜ヲ強厚ナヲシム」「消化機能ヲ鼓舞整理セシム」「神経及ヒ精神的諸病ヲ調整セシム」[5]が挙げられています。

医療行為としての海水浴の導入

では、実際に海水浴とはどのように行うものだったのでしょうか。当時の海水浴は、海の中に建てた棒を抱えるようにつかまり、あるいは縄で身体を繋ぎとめて、身体に波を浴びるという行為になります。つまり、海水浴とは、海の波を浴びることであり、内務省衛生局の「海水浴説」では海水浴場選択の基準として海水波動の強弱をあげ、「海潮ノ乾満甚シクシテ波動ノ強キ処ハ亦他ノ波動ノ弱キ処ニ比スレハ海水浴ノ効力大ニ優レリトス此理ニ拠ルトキハ本邦東西ノ海浜若クハ近海ノ孤島ニ於テハ海水浴ノ効用内海ヨリモ偉ナルへシ然レトモ虚弱ナル人ハ内海ノ浴場ヲ取ルヲ良シトス」[6]と、身体にあたる波の強さに効力があるとしています。ほかにも海水浴場の条件としては、多くの書物で海水が清廉であること、温度が夏季において二二度Cから二八度Cの間を保つこと[7]、また北側に山を配し寒風を防ぐこと[8]、海中に鋭い、あるいは大きな岩などがあると危険なため、海底は砂石状態であること[9]、などが示され、海浜条件のみでは、小笠原諸島を好適地としているものもあります。医療行為としての海水浴導入期には、海水浴場にはこのような条件が謳われていたのです。

明治の早い時期には、内務省衛生局をはじめ医学者は、日本人の健康、あるいは体力増強のために海水浴について調査し、海水浴場の開設を試みていました。のちに内務省衛生局の局長となり、その後、満鉄初代総裁、逓信大臣、内務大臣、外務大臣など国務大臣を歴任し、東京市長も務めた後藤新平も、愛知県医学校（名古屋大学医学部の前身）の医師であったころ、『海水功用論』を著し、海水浴と海浜療法について説いています。後藤新平は、一八八一年（明治一四）に愛知県の大野海岸・千鳥ヶ浜の大野海水浴場（現・愛知県常滑市）開設を指導をしたと伝えられています。また、松本順は、一八八四年には小田原に海水浴場開設を薦めましたが受け入れられず、帰路、大磯に住むかつての門人を訪問し、やはり海水浴の利を説いたところ、松本順の考えに賛同し奔走するものがあり、翌一八八五年、照ヶ崎海岸に大磯海水浴場の開設を果しています。

内務省衛生局初代局長の長与専斎は、一八八二年に夫婦岩《めおといわ》で知られる二見浦に二見浦海水浴場（現・三重県伊勢市）の開設に尽力しました。二見浦は伊勢神宮参拝の前に身を清める禊《みそぎ》の地であることから、二見浦海水浴場は皇室もたびたび訪れる著名な海水浴の地となっていきます。その後、一八八四年に長与専斎は、鎌倉の海を海水浴の最適地であると紹介しました。鎌倉に海水浴場が開設したのは、海水浴場の第一人者の立場にある長与専斎のことばを得たのと同じ一八八四年であると言われています。翌一八八五年三月には、長谷の三橋旅館が『東京横浜毎日新聞』に「海水浴御馳走広告」を掲載していることからも、海水浴場の運営が継続していたことがわかります[10]。

鉄道の開通と海水浴

このように医学者が、医療行為としての利点から海水浴を奨励し、海水浴場の開設に力を貸し、実際各地で海水浴場が開設されているのですが、海水浴が世の中に大々的に受け入れられるようになったのは、一八八七年（明治二〇）以降であったようです。その背景には、交通の発展とマスメディアの存在があります。まず第一の背景として、東海道線が国府津まで延伸したことが挙げられます。延伸により、海浜地域を鉄道が走るようになり、海へのアクセスが格段に改善されたからです。海水浴場までわずか数百メートルの距離に鉄道駅が開業した大磯は鉄道駅で下車すれば、徒歩で海水浴場に到達することができるようになりました。東海道線延伸の前年の一八八六年に開設していた鵠沼海水浴場も藤沢駅まで鉄道で到達し、その先は人力車を利用することで容易に海水浴場に向かうことができるようになりました。鎌倉はどうだったでしょうか。東海道線延伸以降に由比ヶ浜に向かった山岡謙介の『由比浜随遊私記』では、途中横浜で乗り換えがあったものの、新橋から藤沢まで列車で約二時間、その後、藤沢からは人力車を利用し、遊行寺・柏尾川を経由しながら、鎌倉七口のひとつである大仏切通を抜け、長谷寺を廻りながら、由比ヶ浜に到着するまでに約二時間を要しており、合わせて約四時間の行程だったことがわかります(11)。この所要時間はどう解釈すればよいでしょうか。東海道線延伸後の新聞には、

東海道鉄道中横浜国府津間が開業せし以来土地に依りて種々の影響を蒙り（中略）右鉄道の便あるより鎌倉へは往復さへ手軽に出来ることとなりたれば、閑暇の人は勿論繁忙の人も土曜より日曜に掛けて此に遊び一二日の間の避暑を試むるもの頗る多く、為めに去る十六日と十七日は汽車は廿七八台を繋ぎしも尚は乗客を乗切れずして、余儀なく荷車へも乗せしが尚ほ乗切れざる為め下等室より溢れ出てゝ上等室に移りしも多かりければ、上等室は大に混雑を極め之に乗り居たる外国人は種々苦情を鳴したる程なりし（後略）(12)

東海道線延伸以来、鎌倉への来訪者が激増していることを報じています。四時間という時間は、現代の私たちには非常に長いように感じますが、当時の人びとにとっては従来の鎌倉への往来に比較して、格段に便利になったことが新聞記事からわかります。

東海道線延伸の二年後の一八八九年に横須賀線の大船・横須賀間が開業します。東海道線と横須賀線というふたつの鉄道が走る湘南には、海水浴場が次々と開設されました。一八九二年刊行の野崎左文『全国鉄道名所案内』には、神奈川県下の海水浴場として、逗子、長者ヶ崎、由比ヶ浜、鵠沼、平塚、大磯、酒匂、国府津が紹介されています[13]。これら海水浴場が設置された地域は、均しく相模湾沿岸において鉄道の開通を得た地域です。海水浴場の発展は、鉄道の開通とともにあったのです。

海水浴との出会い

海水浴の発展の第二の背景は、海水浴のイメージに関わると言ってよいでしょう。少し時代を戻しますが、内務省衛生局や医学者たちが医療の一助とするために海水浴を取り入れようとしていましたが、一般の人びとが知るところではありませんでした。それは松本順や長与専斎、後藤新平などが海水浴場の開設を図っていた地域において、その地元の人びとが知るにとどまったことと考えてよいと思います。一方で、外国人が海水浴をしていた富岡については、政治家や財界人の動向という形で新聞報道が繰り返されていました。

一八八三年（明治一六）頃の政治家や財界人の暑中休暇の行き先は、それ以前から多かった熱海や伊香保などの温泉地や避暑地として日光に人気が集まっていますが、そのなかに、「井上参議にハ一昨日神奈川県下富岡の海水浴へ赴かれたり」[14]「元老院議官鍋嶋幹氏にハ夏期賜暇中海水浴の為め一昨日相州浦賀へ出発」[15]、と海水浴という文字が登場しています。翌一八八四年には、政治家や財界人の夏休みの動向として、富岡に海水浴という文字が並びました。そのなかに、富岡で営業している料理旅館海宝楼の新聞広告が掲載されています。広告には、「此富岡ハ従来洋人ノ海水浴場且ツ保養遊楽ノ地トナセシ所故ニ眺望大気ト云ヒ総テ浴客ニ奇妙ナリ何卒続々御入浴アレ　神奈川県下武蔵国久良岐郡富岡　海宝楼」[16]とあり、富岡が横浜の居留地で暮らす外国人の海水浴場や保養地として過ごす恰好の地となっていたことがわかります。外国人の憩いの地として名を馳せた富岡には、一八八三〜八四年頃、井上馨、三条実美、松方正義、大鳥圭介などの貴顕紳士が競って別荘を構えました。一八八四年の新聞には、「神奈川県下久良岐郡富岡ハ海水浴に適好の場所なりとて遊浴を試むる人夏季に際して特に多き」[17]とあり、記事には夏に富岡へ海水浴目的で来遊する人びとの便宜のために、交通ルートも紹介しています。ここからわかることは、一八八二年には、紙面に単語も顕れていなかった海水浴が、一八八四年には既に人びとの認識を得ている言葉になっていること、またアクセス方法を説明していることから、富岡での別荘所有者以外の一般来遊者の存在が推察できます。繰り返しになりますが、この時点で人びとは内務省衛生局の役人や医学者たちの動きを知りません。知り得たのは、マスメディアによる貴顕紳士たちが、「海水浴」をして夏休みを過ごしている、という情報だけです。日本では海水浴が、貴顕紳士の避暑のスタイルとして認識され、憧憬を伴って迎え入れられた可能性が高いのです[18]。

海浜院―鎌倉に現れた西洋

そんな憧れの海水浴は、一八八七年（明治二〇）の東海道線延伸と同時にふたつの施設が開設され、それがエポックメーキングな存在になります。ひとつは大磯海水浴場に開業した祷龍館《とうりゅうかん》です。一八八七年八月七日、祷龍館は開業に際して招待した三〇〇人の客を、歌舞伎役者や落語家などが接待するという盛大な開業式を、大磯の高麗神社の祭礼と日を重ねて開催しています。そのため大磯の町はかなりの賑わいとなりました。それを祷龍館の開業式の招待客でもある新聞記者が、祷龍館が盛況であると強調して大きく報道しているのです[19]。祷龍館の賑々しい報道は、海水浴を医療行為から、行楽へと人びとの認識に変化を与えていきました。

同じ頃、一八八七年八月一日、鎌倉の由比ヶ浜に祷龍館とは対極の施設が開業します[20]。鎌倉海浜院です。海浜院はその趣意書に「鎌倉海浜院ハ海気ヲ呼吸シ、海水ニ浴泳シ、兼テ善良ノ食料ヲ資ケ、適度ノ運動ヲ力メ、以テ人身ノ栄養ヲ催進シ其体質ヲ改良スル所ニシテ、欧米ニ所謂「サナトリア、マチリア」（海浜養生所ノ義）是ナリ。」[21]と定義されており、「主に重病後の恢復期に保養、虚弱体質の改善、慢性の胃病・僂麻質（＊リューマチ）や結核などの患者のための保養施設とされ（ただし、心臓病や重度の結核など、医師の診断により謝絶することができた）」[22]とあることから、海浜院がサナトリウム（療養所）であったことがわかります。その施設については、「家屋の構造は純然たる西洋木造にして室数三十余を具へ室内の装飾は勿論食堂、寝室及日用諸器具に至る迄総て西洋風に倣へり又別に玉突場新聞縦覧所其他の諸遊技場も不日落成の模様なり」[23]と三〇余の室数があり、建築・内装・家具・器具に至るまですべて西洋式となっており、ビリヤード場や新聞縦覧所などの施設も備える予定であることが新聞で報じられています。

海浜院の設立は内務省衛生局長の長与専斎の起案によるもので、横浜の豪商や医師らが賛同して実現をみたものでした。開業から一ヵ月後には新聞で、

同院（＊海浜院）に遊んで殊に感じたるは洋食佳味なる事と浴室の構造宜敷と寝具の清潔なるとの三点なり肉類、西洋野菜、氷等は駄馬を雇ふて毎日横浜より取寄せるなり又湯殿の如きはポンプの仕掛けを以て水を汲み入れ管を用ゐて其の沸したる温湯を各浴室に分配する仕組みにして其管より落つるものは湯滝となり或は水滝となり別に塩湯の設けもあり又た寝具の如きは西洋旅館の寝具に変らざる者にて常に清潔に洗はしむるなり（中略）一室一人毎日三食共西洋料理なり尤も洋食嫌ひの方には別に日本料理の用意もあり云々[24]

と食事の美味しさ、浴室の質の高さ、そして寝具の清潔さが報じられており、その内容をみても手をかけ経費をかけている様子がみてとれます。

海浜院の開業当時の宿泊料金は、並が一円、上等二円～二円五〇銭となっています。この料金はどの程度のものなのでしょうか。海浜院開業より九年後に刊行された大橋又太郎の『旅行案内』に掲載されている近隣の宿泊施設の料金をみてみると、

相模逗子海水浴／養神亭…二十五銭以上五十銭まで（ほかの海水浴場よりやや低廉）
江の島／恵比寿屋茂八…一等八十銭、二等七十銭、三等六十銭、四等五十銭、五等四十銭
大磯海水浴場／祷龍館…一日五十五銭（日本賄い）、松林館…上等五十銭、並四十銭
国府津海水浴／蔦屋…三十五銭以上五十銭[25]

江の島の恵比寿屋が等級区分も多く料金も差がありますが、上等な部屋でも五〇銭というところが多いようで、大磯の祷龍館も和食での宿泊は五五銭となっています。これらと比較して、海浜院の並の一円、上等の上限が二円五〇銭というのは、破格の高額であると同時に、海浜院は保養施設ですので、中期・長期の滞在であることを考えると利用できる層は自ずと限られてきます。

この頃、海浜院に滞在した人物の記録から、食事を垣間見てみましょう。海浜院に到着した日の食事は、「昼食　第一ボイル鰕魚・ビーフカテレツ・鶏シチウ・グラナフライケーキ・梨菓・竜眼肉・珈琲、喫茶には紅茶・菓子、晩餐にスープ・ボイルチキン・ビーフハヤシ・ライスカレー・プリン・木菓・珈琲」[26]とサナトリウムにしては、ややボリュームのあるラインナップが並んで

います。しかし、「病客ヲ除クノ外ハ皆食堂ニ会食ス。室内別ニ湯茶ヲ給セズ。定時外ノ浪飲ハ摂生ニ害アルヲ以テアリ」[27]という規定もあり、高級リゾートホテルではないことは明白です。

内務省衛生局の名称の名づけ親でもある長与専斎は、岩倉遣欧使節団に随行し、欧米の医学制度を視察してきました。帰国後は内務省でその経験を活かし、近代日本の衛生行政・制度の基礎を築いたとされる人物です。鎌倉由比ヶ浜の海水浴場を開設し、その地にサナトリウムである海浜院の開業を後押ししました。長与専斎にとって、この地は衛生の先進国である欧米で見聞した公衆衛生の実践の地だったかのようです。その知識を理想の形で示した海浜院は、長与専斎が由比ヶ浜の地に出現させた西洋だったのかもしれません。

海水浴の受容

人びとは、由比ヶ浜に現れた西洋とそこで保養する上流階級の紳士淑女の姿に憧憬を深めていったことでしょう。そのベースとなったのが富岡の記憶です。外国人による海水浴、そして別荘を建て同じように憩う貴顕紳士たち、そのイメージの延長線上に海浜院はあります。医療行為としての海水浴を知らない人びとは、報道によって知った海浜院に抱く憧憬と、大磯の祷龍館から発せられた豪華な行楽的要素、どちらも療養というより、素晴らしく快適な保養、海水浴は、むしろ遊楽に近い印象で人びとに認識されていったと考えられます。しかし鉄道の開通によって、海水浴は週末旅行や日帰りでさえ行くことができるようになっていました。加えて医療設備をもたない低廉な宿泊施設や海水浴場の普及により、海水浴自体のハードルが下がり、庶民にも可能な「遊び」となってきました。こうして海水浴はまもなくレジャーとして人びとに受容されていったのです。

それは海浜院にとっても無関係な話ではありませんでした。西洋で知ったサナトリウムをめざして、すべて西洋式で建設・運営しようとした海浜院ですが、一八八七年（明治二〇）末に暖房設備を整備する際に和式の設備も整えています。利用者にとっては、西洋式で保養をすることが必ずしも望む環境ではなかった可能性があることを推察させます[28]。そしてサナトリウム・海浜院の終末はあまりにも早く到来しました。開業の翌年の一八八八年に海浜院は、海浜院ホテルとなったのです。つい先ごろまで保養と言えば温泉場での湯治が主流だった日本において、西洋式で規則が厳格なサナトリウムには馴染めなかった利用者が多かった反面、遊歩規定内にあった海浜院は、居留地に暮らす外国人には快適な空間であり、彼らはホテル代わりに海浜院に滞在するようになっていました。長与専斎らがめざしたサナトリウムとしての機能が果たせなくなってきたことから、現実的なホテルに模様替えしたと考えられるのです[29]。

海浜院のあった由比ヶ浜

前述の大橋又太郎の『旅行案内』には、海浜院ホテルは「此院の有様は、純然たる外国ホテルの仕組にして、重に外国人を客とし、其宿料は、一日二円五〇銭の定めなり、普通の宿屋は、長

鎌倉同人会創立100周年事業の一環として、海浜ホテル跡地に建立され、鎌倉市へ寄贈された。東山勉時宗教恩寺住職の揮毫になる（著者撮影）。

谷の三橋楼（略）」[30]と海浜院ホテルを特別な宿屋として扱っています。ホテルの様子は、田山花袋の『日本新漫遊記案内』のなかでも、「明治に及び、海水浴一たび開けてより、近傍貴顕紳士の別墅多く、また松林の中に海水浴旅館海浜院あり。こは明治二十年横浜の豪商等の相諮りて新築せしものにかゝり、家屋の外観の宏壮偉大なるのみならず、室内の装飾、器具、臥具等皆西洋ホテルの体裁に擬せり。従つて外国人の多く来りて宿泊す。」[31]と記されているように外国人客が多かったことがわかります。しかし、ホテルに変わったとしても、由比ヶ浜の地に海浜院があったことは、この地に特別なイメージを与えたことに変わりはないのです。

海浜院ホテルは、その後、一九〇六年（明治三九）に株式会社へと経営形態を変えていき、一九一六年（大正五）には、名称も株式会社鎌倉海浜ホテルと改称します。しかし終戦後、ホテルは接収され、一九四五年（昭和二〇）一二月と翌一九四六年一月の二度にわたる火災で焼失してしまいます。接収解除後、長らく草原となっていましたが、一九七七年九月一九日には、株式会社鎌倉海浜ホテル経営の鎌倉シーサイドテニスクラブが開設されました。かすかにホテルの面影が残るなか、市民がテニスを楽しんできましたが、二〇一〇年（平成二二）六月に終焉を迎えました。

由比ヶ浜海水浴場が目の前に広がる鎌倉海浜公園由比ガ浜地区のほぼ中央を走る道路を、海を背にして歩くと、左側に旧型の江ノ電車両（通称タンコロ）の展示が目に入ります。そのフェンスのすぐ横に、黒いスタイリッシュなモニュメントが建っています。

ここに　鎌倉海濱院　鎌倉海濱ホテル　ありき

一八の文字の上に、ありし日の姿が描かれているモニュメントは、今日も静かに由比ヶ浜海岸を見つめています。

【註】

(1)白井永二編『鎌倉事典　新装普及版』（一九九二年）三〇九～三一〇頁
(2)村上文昭『ヘボン物語』（学校法人明治学院、二〇〇三年）一八～四四頁
(3)「例言」（内務省衛生局『内務省衛生局雑誌』三四号（一八八一年）一頁
(4)松本順口述・二神寛治筆記『海水浴法概説』（杏陰書屋、一八八六年）一～二頁（岸野雄三監修『近代体育文献集成　第Ⅱ期　第二七巻保健・衛生Ⅳ』日本図書センター、一八八三年）所収
(5)前掲『海水浴法概説』四～八頁
(6)「海水浴説」（内務省衛生局『内務省衛生局雑誌』三四号、一八八一年）九頁
(7)前掲『海水浴法概説』一二頁
(8)前掲「海水浴説」九頁
(9)前掲『海水浴法概説』一四～一五頁
(10)鎌倉市市史編さん委員会編『鎌倉市史　近代通史編』（吉川弘文館、一九九四年）一三六頁
(11)前掲『鎌倉市史　近代通史編』一四五～一四八頁
(12)『毎日新聞』一八八七年七月二一日
(13)野崎左文『全国鉄道名所案内』（厳々堂、一八九二年）六一～八三頁
(14)『東京横浜毎日新聞』一八八三年八月一〇日
(15)『東京横浜毎日新聞』一八八三年八月一八日
(16)『東京横浜毎日新聞』一八八四年七月二七日
(17)『東京横浜毎日新聞』一八八四年七月三一日
(18)拙稿「海水浴の発祥と発展」（「湘南の誕生」研究会編『湘南の誕生』所収、藤沢市教育委員会、二〇〇五年）三三～三六頁

(19)『読売新聞』一八八七年八月九日
(20)前掲『鎌倉市史　近代通史編』一三八頁
(21)「三六鎌倉海浜院創立趣意書」(鎌倉市市史編さん委員会編『鎌倉市史　近世近代紀行地誌編』、吉川弘文館、一九八五年)四四五~四四九頁
(22)前掲『鎌倉市史　近代通史編』一三八頁
(23)『毎日新聞』一八八七年八月七日
(24)『毎日新聞』一八八八年八月三一日
(25)大橋又太郎『旅行案内』(博文館、一八九六年)一一四~一二〇頁
(26)「鎌倉海浜ホテル追憶(一)」『鎌倉市中央図書館近代史資料室だより』第一号(鎌倉市中央図書館近代史資料担当、二〇一三年)四頁
(27)前掲『鎌倉市史　近代通史編』一四〇頁
(28)前掲『鎌倉市史　近代通史編』一三八頁
(29)前掲『鎌倉市史　近代通史編』一四〇頁
(30)前掲『旅行案内』一一六頁
(31)田山花袋『日本新漫遊記案内』(服部書店、一九〇七年)二八九頁

第一〇章　古都・鎌倉に遊ぶ、暮らす

江ノ島電鉄・鎌倉駅

鄙びた村・鎌倉

「多くの史跡をかかえる鎌倉の中心にあって、古都を感じさせるたたずまいの駅」という理由で関東の駅百選にも選ばれたJR東日本の鎌倉駅は、時計台のあるこぢんまりとした駅舎です。しかし、ひとたび電車が到着すると、下車する人でホームからの階段はいっぱいになってしまいます。東口方面には鶴岡八幡宮があり、参道である若宮大路や並行して走る小町通りには、いつも人があふれ賑やかです。西口は江ノ電との連絡口があり、また、銭洗弁財天や長谷方面へ至る道もあり、それぞれの目的で東口に、西口にと人は流れていきます。このように観光客であふれる鎌倉ですが、前近代には随分様相が異なっていたようです。

一九世紀前半の化政文化の華やかなりし頃、十方庵敬順という隠居僧が江戸や近郊を旅して著わした『遊歴雑記』という書があります。そのなかに鎌倉の浄泉寺（高徳院）を訪れたとき、大仏の蓮華座の造営について記しています。造営は人びとの浄財が必要になりますが、蓮華座の葩《はなびら》が一枚できるのに二五両必要ということで、十方庵敬順が訪れたときには、八枚の葩が並んでいました。実は彼は少年時代から、この地に六度訪れているのですが、数年前に来訪したときにも、葩の数が同じであったことを記憶していて、造営が少しも進んでいないことや、かつては大仏殿のなかに覆われていたはずの大仏が、雨ざらしの濡仏になったままで鎮座していることにも落胆しています。そこで、十方庵敬順は、江戸の近辺なら（＊寄附はすぐ集まって）間もなく造営できてしまうであろうに、「か丶る僻地にして稀に旅人の参詣を待請、一銭弐銭の合力を積が故に、数年を経れども成就せず」[1]、と鎌倉が都会から遠く離れたへんぴな土地で、たまにくる旅人の浄財を当てにしているだけなので何年経っても完成しないのだ、と言っているのです。旅人の来訪も多くはなかったかのような記述は、現在の鎌倉の賑わいからは想像できない寂れた様子ですが、これはほんの二百年前の鎌倉の姿の一片なのです。

鎌倉に新たな光が当たったのは、幕末の一八五八年（安政五）に結ばれた日米修好通商条約をはじめとした安政の五か国条約によって、外国人が横浜に居留するようになってからのことと考えられます。一八六七年（慶応三）には、パリで開催された万国博覧会に日本が初めて参加し、世界に向けての発信が始まりました。それがのちのヨーロッパにおけるジャポニズムへの芽となっていくのですが、折からの世界旅行ブームもあり、新たな世界である日本への興味と期待が高まったのでしょう。外国人の日本への来訪が始まります。長く鎖国の状態にあった日本に保全されていた独特の文化は外国人には頗る新鮮なものだったのです。

エミール・ギメは日本の文化や芸術に大きな関心を持って、一八七六年（明治九）に来日したフランスの実業家です。エミール・ギメが残した書には、「横浜にいると、どうしても従わざるを得ない二つの道程に直面する。鎌倉訪問と、日光への旅行とである。鎌倉は南、日光は北。鎌倉は将軍の旧都で、日光はその墓である。日光に行くには、一週間当てなくてはならない。鎌倉を見るには二日で十分である。日本で数年過ごしている居留者は、この重要で景色のよい二つの地点を見ないでこの国を去るまいと、確かに決心している。」[2]と記しており、多くの外国人は鎌

か三日後に鎌倉に向かって出発しています。そして、エミール・ギメは、日本の土を踏んでわずか三日後に鎌倉に向かって出発しています。

能見堂など金沢（現・横浜市金沢区）から朝比奈切通を経て、鎌倉に出たエミール・ギメがこの地について最初に記したのが、「私たちは鎌倉へ下りて行く。古《いにしえ》の都はかろうじて村である。」(3)という言葉でした。エミール・ギメは、その後、大仏を訪れるのですが、ここでも「鎌倉の村は、日本の他の村と変わったところはない。」(4)と、その印象を綴っています。前述の十方庵敬順の「僻地」という言葉とともに、現代では少し違和感があるのではないでしょうか。鎌倉は、かつて幕府が開かれ、源氏や北条氏の史跡が多く残る地で、たとえ宮城（天皇の宮殿）が置かれた場所ではなくても、江戸時代でも明治初期でも、「旧都」「古都」という認識がありました。そのため、当然、鎌倉は特別な地であるという認識があり書物でも多く取り上げられています。しかし、現代のように整備されている状況ではなかった、と理解すればよいのでしょう。それが「僻地」「かろうじて村」などという表現になっていると考えられます。

居留地に暮らす外国人たちには、第五章で述べたように遊歩規定という自由旅行の制限がありました。しかし、かれらは学問研究や療養という目的を使って内地旅行免状を得て、遊歩規定の外に出る権利を獲得し、積極的に各地を巡りました。かれらが「見ないでこの国を去るまい」と考えるふたつの地のひとつである日光は、内地旅行免状を取得しないと訪問できなかった地でした。一方、鎌倉は、横浜居留地から遊歩規定の範囲内にあり、そのような手続きをとることなく出かけることができる必見の地だったため、外国人の来訪が多かったことは想像できます。「旧都」「古都」だった場所ということで鎌倉に多くの外国人が訪れるようになり、彼らによって鎌倉は新たな光が当てられたと考えられるのです。

交通と鎌倉観光

時は少し過ぎ、一八八四年（明治一七）に杉山敬三郎によって書かれた『武相名所杖』には、横須賀、金沢、鎌倉、江ノ島が案内されています。鎌倉については、「鎌倉ハ相模国鎌倉郡ノ南部ナル名邑《めいゆう》ナリ地勢南一面ハ外海ニ臨ミ其他三方は皆岡陵ヲ負ヘリ此地右大将頼朝公日本総追捕使ノ命ヲ奉シ覇府ヲ開キ三代実朝薨シテヨリ北條氏足利氏続キテ居住セシヲモテ名所遺跡甚ダ多シ」と源頼朝が開いた鎌倉幕府の歴史と名所旧跡が多いことを述べた後、鶴岡八幡宮・鎌倉宮・建長寺・浄智寺・円覚寺・寿福寺・英勝寺・浄明寺・光明寺・大仏・長谷寺・頼朝屋敷・北條屋敷・管領屋敷・上杉定政屋敷・源氏山・尊氏屋敷・稲村崎・由比浜・七里ヶ浜・江の島を案内しています[5]。

附録と称して示されている旅の道案内を見ると、横浜から横須賀、金沢、鎌倉、江ノ島を巡るルートが提示されており、まず横浜からは陸路と海路の二択が示されています。また横須賀から金沢は渡船を案内しています。そして金沢から鎌倉は陸路二里とあり、鎌倉から江の島までの距離はやや詳しく書かれています。この時期は、まだ鉄道が新橋・横浜間のみでの運行ですので、横浜駅を起点に、海路・陸路を使い分け、陸路の場合は、徒歩や人力車を利用しながら進むのです。注目したいのは、各地の案内は淡々と由緒や見どころが記されているなかで、江の島には、「此地有名ノ勝地タルヲ以テ内外ノ遊客常ニ雑沓セリ」[6]と賑わっている状況が書き加えられていることです。道案内の箇所も同様で、距離を記すだけの説明が続いたのち、江の島については、「此地ハ相模物産ノ貝細貝有テ四季ノ遊客雑沓シテ求客多シ」と年間を通じて来訪客が多い人気の行楽地であることを述べ、最後に「是レヨリ東海道藤澤駅ヘ一里十五丁也」と遊行寺などのある東海道筋の藤沢宿へのアクセスを伝えて案内書は終わるのです[7]。江戸時代から、弁財天信仰や大山参詣とのセットで、行楽地として人気のあった江の島が旅の目的地になっていたことが多かったと考えてよいでしょう。到達には、横浜からにしても金沢からにしても徒歩や人力車によるのですから、途中途中で休息も必要となります。つまり江の島への旅のルートの通過地点として、『旧都』「古都」鎌倉の観光が取り入れられていたと考えられるのです。

近代の鎌倉にとって最初の転換期は、東海道線の国府津延伸でした。第九章で示したように、山岡謙介が書いた『由比浜随遊私記』によれば、新橋から藤沢まで、列車で二時間、藤沢から遊行寺などを経由しながら人力車で由比ヶ浜まで二時間で到達しています[8]。横浜からなら三時間で鎌倉まで到達することが可能でしょう。東海道線延伸前にエミール・ギメが人力車で江の島に向かったときは、横浜を朝に出発して、昼食を摂ったのは、現在の京浜急行電鉄・金沢八景駅近くの瀬戸神社近辺でした。そして朝比奈切通の中央あたりの茶店で午後のお茶を楽しんでいますので、横浜から鎌倉に至るまでには、大凡七時間~八時間を要していたと思われます。東海道線の藤沢駅を利用するルートの誕生は、藤沢駅から人力車で二時間要するとしても、鎌倉観光にとっては大きなアクセスの改善となったできごとだったのです。

そして、なによりの画期となったのは、一八八九年六月一六日、横須賀線の大船・横須賀間が開業したことです。横須賀線の開業に伴って、鎌倉駅・逗子駅・横須賀駅が開業しました。ついに鎌倉は、最寄り駅を得ることができたのです。藤沢や江の島から、足を延ばす先だった鎌倉は、逆に鎌倉から向かうということもできる地となり、人びとが鎌倉で滞留する時間も増えたはずです。それに伴って、鎌倉駅開業後に出版された旅行案内書では、かつてより多くの名所・旧跡が案内されるようになってきました。一九〇二年に刊行された『避暑旅行案内』には、

鎌倉の名所古跡一々茲に案内せんと欲せば尚数頁を費して足らざるべければ一先づ此位の処にて記者も一服すべければ旅客も旅館に就きゆるりと御休足めさるべし。旅館は八幡前の角正、三橋楼支店、長谷の三橋を重なるものとす。宿料は上等一円五十銭中等一円下等七十五銭昼飯は四十銭の定めなり、但此等は総て宏大なる旅館なれ共畢竟普通の駅旅館に過ぎずして正午頃に着せば未だ浴場の準備もなき程の始末なれば到底一宿して清涼を貪る事は難かるべしされば旅客は此海岸海水浴場に往ゐて熱塵を洗ふか若くは直ちに江の島に車を飛ばするを可とす(9)

とあり、鎌倉の観光すべき名所旧跡が数多あること、また、駅近くに旅館が数軒あることがわかります。鉄道の開通によって、午前中に鎌倉に到着して、いくつかの観光を済ませても時間的に余裕があったようです。この後、江ノ電が藤沢・片瀬間で開業し、そして、一九〇七年には大町まで開通し、鎌倉との徒歩連絡が可能になります。そして、ほぼ現代と同じ鉄道網となった鎌倉には、さらに多くの人が来訪するようになりました。

平成の観光客数の変遷

時を一気に進めましょう。一九二〇年（大正九）に二万九六九二人だった鎌倉の人口は、大きな行政区域の変更を経た後の一九五〇年（昭和二五）には、八万五三九一人に、そして、二〇一六年（平成二八）一〇月には一七万二三三七人の自治体になっています。その鎌倉市に来訪する観光客の人数については延入込観光客数という統計があります。これは鎌倉に来訪した観光客数の統計ではなく、いくつかの設定した観光地点への来訪者数を合計したもので、ひとりが三ヵ所観光地点を来訪した場合、三人とカウントされてしまいますが、年毎の大凡の増減を比較することができます。平成以降の延入込観光客数は、一番少ない年が一九九九年の一六七六万人、多い年が二〇一三年の二三〇八万人で、二〇一六年までの二八年間の平均は、一九六〇万人となっています。二〇一六年の延入込観光客数は鎌倉市民の一二三・五倍という数字になるのですが、前述したように複数の観光地点を訪れた場合、来訪者数が重複して計算されてしまいますので、この数値は正確ではありません。例えば、近隣の横須賀市は、宿泊客と日帰り客の観光客数を示しており、二〇一六年は市民の二〇・四五倍の来訪者があった計算になります。世界遺産の構成資産を多く有する京都市は、同様の計算で四〇倍となっています。もう一度、鎌倉市の延入込観光客数を検討してみると、二〇一六年の観光地点は鶴岡八幡宮・建長寺・円覚寺・瑞泉寺・鎌倉宮・長谷観音・大仏・銭洗弁財天・大船観音・鎌倉海岸・天園ハイキングコース・フラワーセンターが挙げられています。ここで重複を避けるため、実際より数値は減少してしまいますが、鶴岡八幡宮への来訪者だけで計算し直してみます。二〇一六年の鶴岡八幡宮への来訪者は一一八四万人で、ここ一ヵ所だけで六八・七倍という数値を示しています。この数値は鎌倉が極めて大規模な集客能力を持つ観光地であることを裏づけています。

二〇一七年度の鎌倉の統計「事業所数および従業者数」[10]が示す宿泊業の事業所数が三八という鎌倉市において来訪者の多くは日帰り客です。その日帰り客を迎える繁華街は、一九六八年の統計には、鎌倉駅前（東口）と大船駅前の二ヵ所しか挙げられていませんでした。しかし、二年後の一九七〇年には、繁華街は、鎌倉駅東口・鎌倉駅西口・大船駅前の三ヵ所に増え、二〇一六年には、鎌倉駅東口・鎌倉駅西口・大船駅東口・ルミネウィング・長谷の五ヵ所になっており、繁華街地点の拡大が認められます。しかし、店舗数は、鎌倉駅東口が三三七（一九七〇年）、五一九（一九七九年）、四一四（一九八八年）、二三七（二〇一八年）、鎌倉駅西口が二一五（一九七〇年）、二四五（一九七九年）、二二二（一九八八年）、一〇七（二〇一六年）、大船駅前が二八七（一九七〇年）、四二六（一九七九年）、二六二（一九八八年）、一五一（二〇一六年＊大船駅東口とルミネウィングを合算）と現在では減少しています。ただ、従業者数が〇〜二人の店舗に比較して、三人〜九人の店舗が多いこと、そしてそれ以上（最大区分は五〇人以上）の店舗も多く存在することから、店舗規模が拡大したことによる店舗数の減少と捉えることができます。

観光客増減の社会背景

さて、もう一度、鎌倉への来訪者の人数に目を向けてみましょう。鎌倉市観光商工課（年度により、観光課）が近年の観光客の増加・減少について、毎年分析をしています。二〇〇三年（平成一五）の延入込観光客数は、約一七六八万人で、前年比〇・七七パーセント微減でしたが、その要因は冷夏による海水浴客が半減したことに起因していました。しかし、ＳＡＲＳ（重症急性呼吸器症候群／ウィルスによる感染疾患）が世界的に流行したため海外旅行が自粛され、国内観光の比重が高まったこと、また鶴岡八幡宮本殿修復完成に伴う遷座祭や流鏑馬が執り行われたことにより鎌倉への来訪者が増加し、全体としては微減にとどまったとしています(11)。冷夏では海水浴客が減り、また春と秋の観光シーズンに好天に恵まれるかどうかが花めぐりやハイキングなどに大きく影響します。このように天候によって来訪者の数が大きく左右されるのは、日帰り観光の多い鎌倉の特徴と言ってよいでしょう。

では、いくつか観光課の分析結果をみてみましょう。

二〇〇八年の延入込観光客数は、約一九三四万人で、前年比三・五パーセントの増加でした。一年の各観光シーズンが好天に恵まれたことはもちろんですが、この年はガソリン価格が高騰し、国内の経済状況は芳しくありませんでした。しかし首都圏から日帰り観光できる鎌倉は、手頃な観光地として逆に来訪者が増える結果になりました[12]。

二〇一〇年の延入込観光客数は、約一九四九万人で、前年比三・五パーセントの増加でした。この年は秋に、当時のオバマ米大統領が鎌倉大仏を訪問し、少年時代の思い出を語ったことや、また調査対象地域に鎌倉が組み込まれた『ミシュランガイド東京・横浜・鎌倉』が発売されるなど、後半とはいえ大きな話題があったことを観光課は増加の理由に挙げています。一方で、二〇一〇年は、三月一〇日の早朝、折からの強風によって鶴岡八幡宮の石段の傍らにたつ大銀杏が倒壊しました。この大銀杏は、鎌倉幕府第三代征夷大将軍で源氏最後の将軍・源実朝が甥である公暁に暗殺された事件の折、公暁が隠れていたという伝承を持つもので、鶴岡八幡宮の大きな観光ポイントでした。大銀杏の倒壊が人びとに「失われていくこと」の衝撃を与え、鎌倉に向かわせた要因のひとつになったようです[13]。

しかし、続く二〇一一年の延入込観光客数は、約一八一一万人で、前年比七パーセントの減少と大きく後退しました。三月一一日に発生した東日本大震災により、春の行楽シーズンの来訪者が大きく減少しただけでなく、花火大会など様々なイベントが自粛となり、全国的に経済状態が落ち込んでいったことが最大の原因です。その後、復興には自粛ではなく、経済活動を活発にすることという流れが起きたため、秋の行楽シーズンには、来訪者が復活してきました。

二〇一三年の延入込観光客数は、約二三〇八万人で、二〇〇〇万人の大台に乗り、前年比一七パーセントの大幅増加となりました。前年の二〇一二年一月に、「武家の古都・鎌倉」の推薦書がユネスコ世界遺産センターへ提出され、秋にはユネスコの諮問機関である国際記念物遺跡会議（イコモス）による現地調査も実施されました。世界遺産登録への期待とともに、マスメディアにも鎌倉が取り上げられる機会が増え、人びとの関心が高まり、来訪者の増加となりました。

ここ数年の鎌倉への来訪者は、二〇〇〇万人以上を数えていますが、観光課は日本を訪れる外国人旅行者が人数が伸びていることから、それに比例して鎌倉を訪れる外国人の増加していることに因るところが大きいと分析しています。

延入込観光客数だけでは、正確な観光客数はわかりません。例えば来訪目的が海水浴の場合は、統計における観光地点では、「鎌倉海岸」でほとんどの時間を過ごしますので、延入込観光客数は実数に近いものになりますが、寺社巡りなどの場合は、一日に数ヵ所の観光地点を巡りますので、重複数が多くなってしまいます。しかし、社会背景や観光の傾向を考え併せてみていけば、統計は毎年、同じルールでとっているものですから、延入込観光客数の増減も面白いデータになってくることがわかります。

大河ドラマと鎌倉

ここで、もうひとつの来訪動機について触れておきましょう。それは映像の世界からの誘いです。なかでも一年間にわたって放送されるNHKの大河ドラマは訪れる観光客数に大きな影響があり、そのためドラマの誘致活動も活発で、地方に出向くと「大河を○○へ」という幟なども見かけます。大河ドラマは、一九六三年（昭和三八）から二〇一八年（平成三〇）現在までに五七作品が制作されています。戦国・安土桃山期を描くものと幕末期を含むものが多く、両方で三八作を占めていますが、源平内乱期や、鎌倉時代を扱った作品も八作品制作されています。八作品とは鎌倉が主要な舞台ではなくとも、扱う時代の背景にこの地が取り上げられているものも含む作品群の数です。「図表／延入込観光客数の変化と大河ドラマ」に示されているように、鎌倉が少しでも関わる作品が放送された年は、すべて延入込観光客数は前年度を上回っています。放送が終了するとブームは去り、翌年の延入込観光客数は減少するはずなのですが、翌年に入っても、しばらくは影響を与え、来訪者が続くケースが多いのです。あるいは放送年より減少したとしても、放送の前年よりは増加している年がほとんどです。前述の観光分析でも、二〇〇四年に放送された「義経」の翌年、大河ドラマは戦国時代から江戸時代を取り上げた「功名が辻」を放送していたのですが、延入込観光客数は約一八四六万人で、前年比〇・三パーセントの微増となりました。それについて、鎌倉市の観光課は、「平成一七年は、NHK大河ドラマ『義経』の放映により歴史的な関心が高まったことが入込観光客数の増に貢献しましたが、その流れが平成一八年

延入込観光客数の変化と大河ドラマ

西暦（年）	和暦（年）	延入込観光客数（人）	大河ドラマ
1965	昭和 40	17,754,516	
1966	昭和 41	19,714,516	源義経
1967	昭和 42	20,501,641	
1971	昭和 46	18,766,937	
1972	昭和 47	20,296,409	新・平家物語
1973	昭和 48	21,009,816	
1978	昭和 53	22,220,779	
1979	昭和 54	24,931,721	草燃える
1980	昭和 55	20,834,781	
1989	平成 1	21,024,298	
1990	平成 2	21,991,348	
1991	平成 3	22,618,368	太平記
1992	平成 4	22,752,913	
1993	平成 5	19,658,338	炎立つ＊
1994	平成 6	20,387,387	
1995	平成 7	19,341,338	
1996	平成 8	19,262,256	
1997	平成 9	18,000,962	
1998	平成 10	17,511,378	
1999	平成 11	16,768,190	
2000	平成 12	16,788,514	
2001	平成 13	18,451,655	北条時宗
2002	平成 14	17,821,026	
2003	平成 15	17,682,117	
2004	平成 16	18,155,319	
2005	平成 17	18,401,674	義経
2006	平成 18	18,455,281	
2007	平成 19	18,685,598	
2008	平成 20	19,344,470	
2009	平成 21	18,833,713	
2010	平成 22	19,486,481	
2011	平成 23	18,110,868	
2012	平成 24	19,743,182	平清盛
2013	平成 25	23,083,038	
2014	平成 26	21,956,245	
2015	平成 27	22,925,780	
2016	平成 28	21,285,103	

昭和期は関連時代の放送年およびその前後年のみ採録

＊ 1993 年 7 月～ 1994 年 4 月に放送

〔出典〕鎌倉市 HP「観光客数及び海水浴客数」（2018.08.17 閲覧）および『鎌倉の統計』（鎌倉市総務部総務課編、鎌倉市）各年より作成度も引き続いたものと推測されます。」[14]と分析しています。

マスメディアの影響は、現代では周知のことで、今さら議論するまでもないのですが、スマートフォンはおろか、パソコンも一般に普及していない時代、特にテレビの影響は絶大でした。夢のような存在だった民間用自動車電話サービスが開始された一九七九年に放送された大河ドラマが、源頼朝と北条政子を主人公に据えた「草燃える」でした。この年、国鉄（当時）の企画で興味深いものがあります。

赤字国鉄が「新切符商法」に精を出している。シーズンたけなわの受験生には割引切符、スキー客にはプレゼント付き切符、NHKの大河ドラマ「草燃える」に便乗した周遊券や「大相撲切符」「引っ越し切符」まで盛りだくさん。国鉄再建の「管財人」、高木総裁は「私鉄に比べると、まだまだ」とハッパをかけている。[15]

この翌年の一九八〇年には、五年間で経営基盤を確立することなどが謳われた「日本国有鉄道経営再建促進特別措置法（日本国有鉄道再建法）」が制定されるほど、財政悪化の一途を辿っていた国鉄が業績の向上を図り、多様な「お得な切符」を販売しており、そのなかのひとつに大河ドラマ「草燃える」に便乗した企画があったのです。それは「草燃える」の舞台となっている鎌倉・江の島・伊豆半島を対象にした割引切符で、「こだま&草燃える・八重姫コース」と「こだま&

草燃える・源氏コース」の二種類が用意されました。「こだま&草燃える・八重姫コース」は、源頼朝の初恋の女性・八重姫をテーマに、往路は東京・熱海間を新幹線のこだま自由席を利用し、熱海からは東海自動車の観光バスに乗車し、源頼朝と八重姫のゆかりの地をめぐり、復路は三島からこだま自由席で東京へ戻るというものです。観光途中には日本酒の試飲など酒造会社とのタイアップも行っています。「こだま&草燃える・源氏コース」も同様の新幹線こだま号とバス観光がセットになっていますが、イチゴ食べ放題が企画の目玉商品となっていました[16]。

暮らす人びとと観光と……

鎌倉・江の島・伊豆半島、いずれも、もとより著名な観光地・行楽地であるからこその企画ですが、途切れることなく訪れる観光客とともに、この地に暮らす人びとの生活は、地域において考えるべき重要な課題です。鎌倉は観光客が集中するシーズンには、歩道をはみ出すほどに通行する人で溢れ、電車やバスも大混雑となります。特にゴールデンウイークの江ノ電は改札外に行列ができるほど混雑し、通勤・通学の一般利用者には深刻な問題となっています。そこで江ノ電と鎌倉市は、二〇一七年（平成二九）には五月六日に、二〇一八年には五月三日と四日の二日間、江ノ電・鎌倉駅で沿線住民を駅構内に優先入場させる社会実験を実施しました。江ノ電への乗車のための行列が発生した場合、事前の発行手続によって取得した「江ノ電沿線住民等証明書」を提示することで、鎌倉駅構外の乗車待ちのための列に並ばず、駅構内に入場できるというものです。観光客と地元住民、言い換えれば、観光地と生活地との調和を図ることに対する試みであり、これは観光地だけではなく、各地にあるイベント会場や、二〇二〇年に開催される東京オリンピックにおいても懸案事項となっている重要な問題です。駅の数が一五駅、わずか一〇キロメートルの江ノ電と人口一七万人の鎌倉市が行った実験は、心のどこかで「観光地は混雑するのは当たり前」と決めつけて、今まで疑問視してこなかった国と人びとに投げかけた新たな問いかけです。なにをするか、なにができるかに挑戦し、調整する力を持つことが、これからの新しい都市力なのかもしれません。今日も大勢の人が訪れ、賑やかな声と笑顔があふれるなかで、鎌倉の街は、そんなチカラを養っているのです。

【註】

(1)十方庵敬順「遊歴雑記初編」(東洋文庫四九九『遊歴雑記初編一』朝倉治彦校訂、平凡社、一九八九年)二五三～二五五頁
(2)エミール・ギメ(青木啓輔訳)『一八七六ボンジュールかながわ』(有隣堂、一九七七年)五三頁
(3)前掲『一八七六ボンジュールかながわ』九〇頁
(4)前掲『一八七六ボンジュールかながわ』一一五頁
(5)杉山敬三郎編『武相名所杖』(猪飼書屋、一八八四年)一四～二二頁
(6)前掲『武相名所杖』二二頁
(7)前掲『武相名所杖』巻末

(8) 鎌倉市市史編さん委員会編『鎌倉市史　近代通史編』（吉川弘文館、一九九四年）一四五～一四八頁
(9) 探勝会『避暑旅行案内』（上田屋書店、一九〇二年）一六五～一六七頁
(10)「二四、事業所数および従業者数」（『鎌倉の統計　平成二九年版』、鎌倉市）三八～三九頁
(11)「記者発表資料（観光客数及び海水浴客数）平成一六年五月一八日〔観光課〕」鎌倉市役所ＨＰ、https://www.city.kamakura.kanagawa.jp/kamakura-kankou/documents/kanko_h16_tokatu.pdf（二〇一八・八・一七閲覧）
(12)「記者発表資料（観光客数及び海水浴客数）平成二一年四月二三日〔観光課〕」鎌倉市役所ＨＰ、https://www.city.kamakura.kanagawa.jp/kamakura-kankou/documents/kanko_h21_tokatu.pdf（二〇一八・八・一七閲覧）
(13)「記者発表資料（観光客数及び海水浴客数）平成二三年五月一一日〔観光課〕」鎌倉市役所ＨＰ、https://www.city.kamakura.kanagawa.jp/kamakura-kankou/documents/kanko_h23_tokatu.pdf（二〇一八・八・一七閲覧）
(14)「記者発表資料（観光客数及び海水浴客数）平成一九年四月一九日〔観光課〕」鎌倉市役所ＨＰ、https://www.city.kamakura.kanagawa.jp/kamakura-kankou/documents/kanko_h19_tokatu.pdf（二〇一八・八・一七閲覧）
(15)『朝日新聞』一九七九年二月八日
(16)『朝日新聞』一九七九年二月八日

あとがき

鉄道にたいして詳しくない筆者が、鉄道名を冠した本書の執筆を担当したことには、いささか後ろめたい心持ちすらするのだが、江ノ電とはミレニアムと騒がれた二〇〇〇年に、藤沢市のプロジェクトを通じて出会い、それ以降、お付き合いをさせていただいた仲であり、なんとかその縁を頼りに一〇キロメートルの路線を今、走り終えようとしている。

筆者が『江ノ電沿線の近現代史』に取り組もうと決心したのは、この書のシリーズがいわゆる鉄道史ではなく、地域に目を向け、どのような時間を辿ってきたかを探るものだったからだ。地域を考えるとき、そこに暮らす人びとや風土を無視できない筆者は、現地に赴き必ずスーパーマーケットに足を運ぶ。価格も気になるところであるが、買い物をする人たちの会話を背中に聞きながら、陳列棚に並ぶ商品を眺めて店内を廻るのだ。その地方でしか見ない商品には、もちろん興味があるが、例えば、現地で食べた料理の味が甘めだったとき、味噌の商品棚をみると、甘口の麹味噌の種類が多く、陳列棚に占める幅が他の地域より広かったりする。そして、店員さんと話して笑って……そんなことから、その地域の理解が始まったりすることも多い。毎度のことであるが、そこで暮らしたことのない筆者は、外から見た地域イメージを分析しながら、内に暮らす地元民（ロコ）の記憶と感覚に挑戦していくという作業をしていくのだが、もちろん簡単に解決などはできない。ただ、地域色はひとつではなく、そこに調和する部分と乖離する部分がどのように存在しているかを少しばかり感じ取ることが目的なのである。

今回の江ノ電は一五駅の短い路線であり、かつ街が途切れることなく続く「都会的」な沿線を持つ。そこに明らかな地域差を描くことは正直困難だった。そこで、この沿線に見えるいくつもの顔を、それぞれ色濃く映す地域に投影して、この沿線を描こうと考えた。そのため各章で扱ったテーマの振り子の幅が若干大きいが、店には様々な売り場があるように許容していただけると幸いである。

明記したいこととして、江ノ電については参考文献でも掲げた社史『江ノ電六十年記』『江ノ電の一〇〇年』、鎌倉市については『鎌倉市史　近代通史編』に依拠するところが多く、また、小風秀雅、老川慶喜、本宮一男、季武嘉也、松本洋幸、加藤厚子氏等、師や先輩である研究者がこれまで明らかにしてきた研究成果に多く拠っていることを申し上げる。調査の過程で、藤川文子、高橋郁夫、榊原吉隆等諸氏の知恵を拝借し、旧友の神澤みどり氏にはイラストに協力を仰ぐなど、たくさんの方々にご助力いただいたこと、また調査にあたり、江ノ島電鉄株式会社をはじめ、国立国会図書館、藤沢市文書館、藤沢市総合市民図書館、藤沢市役所、鎌倉市中央図書館、鎌倉市役所、伊勢二見・賓日館《ひんじつ》、市川市中央図書館の各施設からご協力を賜わったことも記し、感謝申し上げたい。

今まで湘南、とくに藤沢市を中心に研究を積み重ねてきたが、今回、鎌倉市を正面から考える機会を与えてくださったクロスカルチャー出版の川角氏、また執筆に躊躇していた筆者の背中を押してくれた友人の中川洋氏に深く感謝の意を表したい。

最後に、たびたび藤沢市や鎌倉市まで同行し図書館で何時間もコピー機の前に立ち、家ではデータの入力を続けてくれた子どもたち、祐資と啓介の協力がなければ、本書の刊行にはこぎつけられなかった。心から「ありがとう」と伝えたい。

二〇一八年九月一四日

大矢　悠三子

●関連年表

一八八七年（明治二〇）七月　東海道線「横浜～国府津」開通、藤沢駅開設
一八八九年（明治二二）六月　横須賀線「大船～横須賀」開通、鎌倉駅開設
一八九〇年（明治二三）五月　第三回内国勧業博覧会で、東京電灯がスプレーグ式電車を展示運転
一八九八年（明治三一）一二月　江之島電気鉄道に電気鉄道敷設特許状、命令書交付
一九〇〇年（明治三三）一二月　江之島電気鉄道設立登記。高座郡藤沢大坂町に本社を置く（資本金二〇万円）
一九〇二年（明治三五）九月　江ノ電開業。「藤沢～片瀬」開通
一九〇三年（明治三六）六月　「片瀬～行合」開通
七月　「行合～追揚」開通
一〇月　行合川橋梁付近土砂流出のため運休（一二月一日、復旧開通）
一九〇四年（明治三七）四月　「追揚～極楽寺」開通
一九〇七年（明治四〇）八月　「極楽寺～大町」開通
一九一〇年（明治四三）一一月　「大町～小町」開通により、「藤沢～小町」全通
一九一一年（明治四四）一〇月　横浜電気との合併成立により江之島電気鉄道は解散、江ノ電は横浜電気江之島電気鉄道部となる
一九一五年（大正四）一〇月　小町駅が鎌倉駅に改称
一九二一年（大正一〇）五月　東京電灯との合併成立により横浜電気は解散、江ノ電は東京電灯江ノ島線となる
一九二三年（大正一二）九月　関東大震災発生、一号車焼失、発電所建物崩壊（九月二五日、ほぼ全線運転復旧）
一九二六年（大正一五）七月　東海土地電気創立総会において社名を「江ノ島電気鉄道」とする
七月　江ノ島電気鉄道設立登記、横浜に本社を置く（資本金一〇〇万円）
一九二八年（昭和三）七月　江ノ島電気鉄道による「藤沢～鎌倉」の営業開始
一九二九年（昭和四）三月　片瀬駅を江ノ島駅に改称
一九三〇年（昭和五）二月　江ノ島電気鉄道本社所在地を横浜から鎌倉郡川口村片瀬に変更
一九三八年（昭和一三）一〇月　戦時統合により、東京横浜電鉄（現・東京急行電鉄）の傘下となる（一九四七年分離）
一九四四年（昭和一九）八月　軌道を地方鉄道に変更申請（昭和一九・一一・一八認可）（昭和二〇・一一・二七実施）

一九四九年（昭和二四）三月　鎌倉駅が鎌倉駅西口に移転し、鎌倉駅西口へ乗入開始
四月　江の島弁天橋開通記念乗車券発売
五月　東京証券取引所に上場登録認可
一九五一年（昭和二六）三月　江ノ島電気鉄道から江ノ島鎌倉観光に社名変更
八月　江ノ島園開園、江の島展望灯台（読売平和塔）竣工
一九五三年（昭和二八）四月　小田急電鉄の関連会社となる
七月　開業記念日を九月一日に制定する
一九五八年（昭和三三）一二月　西方駅を湘南海岸公園駅に改称
一九五九年（昭和三四）七月　江ノ島エスカー開業
一九六三年（昭和三八）九月　『江ノ電六十年記』刊行
一九七四年（昭和四九）五月　江ノ電第一ビル・第二ビル竣工
五月　江ノ電百貨店（現・小田急百貨店藤沢店）開店
六月　藤沢新駅開業し、藤沢・石上間が高架化する
一九七七年（昭和五二）四月　駅シリーズ「極楽寺」記念乗車券発売
一九七八年（昭和五三）六月　株式上場廃止
一九七九年（昭和五四）四月　NHK大河ドラマ「草燃える」放送記念乗車券発売
一九八一年（昭和五六）八月　鎌倉新駅舎完成
九月　江ノ島鎌倉観光から江ノ島電鉄株式会社に社名変更
一九八五年（昭和六〇）五月　鵠沼新駅、長谷新駅開業
一九九三年（平成五）四月　腰越駅、三両対応ホーム完成
一九九七年（平成九）一〇月　鎌倉高校前駅が「関東の駅百選」に選ばれる
一九九九年（平成一一）一〇月　極楽寺駅が「関東の駅百選」に選ばれる
二〇〇二年（平成一四）九月　江ノ電開業一〇〇周年、『江ノ電の一〇〇年』刊行
二〇〇三年（平成一五）四月　江の島展望灯台竣工（旧展望灯台を建替え、翌二九日営業開始）
二〇一〇年（平成二二）九月　江ノ電　藤沢～鎌倉間全線開通一〇〇周年

（『江ノ電六十年記』『江ノ電の一〇〇年』『朝日新聞』より作成）

〔参考文献〕

〈地域および鉄道全般に関わるもの〉

江ノ島鎌倉観光株式会社社会社六十年史編纂委員会編『江ノ電六十年記』（江ノ島鎌倉観光株式会社、一九六三年）

江ノ島電鉄株式会社開業一〇〇周年記念誌編纂室編『江ノ電の一〇〇年』（江の島電鉄株式会社、二〇〇二年）

小田急電鉄株式会社『小田急電鉄五十年史』（小田急電鉄株式会社。一九八〇年）

藤沢市史編さん委員会編『藤沢市史　第六巻』（藤沢市役所、一九七七年）

藤沢市史編さん委員会編『藤沢市史　年表編』（藤沢市役所、一九八一年）

鎌倉市市史編さん委員会編『鎌倉市史　近代通史編』（吉川弘文館、一九九四年）

藤沢市都営計画建築部都市計画課編『藤沢市都市マスタープラン　二〇一八（平成三〇）年三月』（藤沢市、二〇一八年）

藤沢市総務部文書統計課編『統計年報』（藤沢市、各年）

〔続〕藤沢市史編さん委員会編『ニュースは語る二〇世紀の藤沢―一九〇一～一九五五』（藤沢市役所、二〇〇五年）

〔続〕藤沢市史編さん委員会編『ニュースは語る二〇世紀の藤沢―一九五六～二〇〇〇』（藤沢市役所、二〇〇六年）

『鎌倉市勢要覧』（鎌倉市役所、各年）
『鎌倉の統計』（鎌倉市、各年）
鎌倉市まちづくり景観部都市計画課編『鎌倉市都市マスタープラン　平成二七年三月』（鎌倉市、二〇一五年）
老川慶喜『日本鉄道史　幕末・明治編』（中央公論新社、二〇一四年）
老川慶喜『日本鉄道史　大正・昭和戦前期』（中央公論新社、二〇一六年）
野田正穂・原田勝正・青木栄一・老川慶喜編『神奈川の鉄道　一八七二―一九九六』（日本経済評論社、一九九六年）
野田正穂・原田勝正・青木栄一・老川慶喜編『日本の鉄道　成立と展開』（日本経済評論社、二〇〇五年）

（第一章）

拙稿「江ノ電の開業」（「湘南の誕生」研究会編『湘南の誕生』藤沢市教育委員会、二〇〇五年所収）
拙稿「鉄道の開通と『湘南』イメージの形成」（『魅力ある大学院教育　イニシアティブ〈対話と深化〉の次世代女性リーダーの育成報告書』お茶の水女子大学、二〇〇六年所収）
拙稿「鉄道会社の観光政策と湘南―明治期の臨時列車と企画乗車券を中心として」（茅ヶ崎市史編集委員会編『茅ヶ崎市史研究三一号』茅ヶ崎市、二〇〇七年所収）
江ノ島電鉄株式会社『グラフ江ノ電の一〇〇年』（江ノ島電鉄株式会社、二〇〇二年）
江ノ電ファンクラブ（野口雅章）編著『走れ　江ノ電』（江ノ電沿線新聞社、一九九四年）
大野木加代子編『江ノ電のりおり各駅ガイド』（湘南よみうり新聞社、二〇一〇年）

（第二章）

伊藤隆・尾崎春盛編『尾崎三良日記（上）』（中央公論社、一九九一年）
伊藤隆・尾崎春盛編『尾崎三良日記（中）』（中央公論社、一九九一年）
本宮一男「小田急江ノ島線の開通」（〔続〕藤沢市編さん委員会編『回想の湘南　昭和史五〇選』藤沢市文書館、二〇〇九年所収）
松本洋幸「藤沢市総合都市計画発表」（前掲『回想の湘南　昭和史五〇選』所収）
本宮一男「藤沢駅北口にさいか屋開店」（前掲『回想の湘南　昭和史五〇選』所収）
藤沢商工会議所『創立五〇周年記念誌』（藤沢商工会議所、一九九七年）

（第三章）

葵文会翻刻葵文庫『東海道名所図会（下冊）』（吉川弘文館、一九一〇年）
藤沢市医師会「藤沢医史」編纂委員会編『藤沢医史』（藤沢市医師会、一九八四年）
野崎左文『全国鉄道名所案内』（厳々堂、一八九二年）
『風俗画報　一七〇号』（東陽堂、一八九八年）
大橋良平『現在の鎌倉』（合資会社通友社、一九一二年）
島本千也「湘南の別荘地化―鵠沼地区を中心にして―」（「湘南の誕生」研究会編『湘南の誕生』藤沢市教育委員会、二〇〇五年所収）
島本千也『海辺の憩い　湘南別荘物語』（島本千也、二〇〇〇年）
島本千也『鎌倉・都市の記憶』（島本千也、一九八八年）

（第四章）

小風秀雅「『幻』の湘南海岸公園計画」（茅ヶ崎市史編集委員会編『茅ヶ崎市史研究』二三号、茅ヶ崎市、一九九九年所収）

小風秀雅「湘南遊歩道の起工」（〔続〕藤沢市編さん委員会編『回想の湘南　昭和史五〇選』藤沢市文書館、二〇〇九年所収）

山県治郎「湘南地方計画と風致開発策」（『都市公論』一三巻七号、一九三〇年所収）

本宮一男「行楽地湘南の確立」（「湘南の誕生」研究会編『湘南の誕生』藤沢市教育委員会、二〇〇五年所収）

若林祐介・秋本福雄「神奈川県における東京緑地計画の変遷」（『土木学会関東支部技術研究発表会講演概要集』三一巻四号、二〇〇四年所収）

神奈川県「湘南海岸公園整備概要」（『新都市』第一〇巻・第四号、財団法人都市計画協会、一九五六年所収）

本宮一男「マイアミビーチ市と姉妹都市提携」（前掲『回想の湘南　昭和史五〇選』所収）

松本洋幸「湘南なぎさプラン」（前掲『回想の湘南　昭和史五〇選』所収）

松本洋幸「河川浄化都市宣言」（前掲『回想の湘南　昭和史五〇選』所収）

神奈川県藤沢土木事務所「湘南海岸公園再整備基本計画（案）平成二九年三月」（神奈川県藤沢土木事務所、二〇一七年）

（第五章）
拙稿「湘南海岸をかけめぐった東京五輪―「太陽の季節」から「若大将」へ」（老川慶喜編『東京オリンピックの社会経済史』日本経済評論社、二〇〇九年所収）
「己未東遊記草」（渡辺和敏監修『近世豊橋の旅人たち―旅日記の世界―』豊橋市二川宿本陣資料館、二〇〇二年所収）
本宮一男「戦後鉄道資本の観光戦略と片瀬・江の島―「海水浴の時代」とその終焉」（「湘南の誕生」研究会編『湘南の誕生』藤沢市教育委員会、二〇〇五年所収）
藤沢市観光協会『江の島海水浴場―開設一〇〇周年記念誌』（藤沢市観光協会、一九八六年）
「警察署別犯罪発生検挙件数」『神奈川県統計書』（神奈川県、各年）
加藤厚子「映像が創る『湘南』」（前掲『湘南の誕生』所収）
加藤厚子「『太陽の季節』封切り」（〔続〕藤沢市編さん委員会編『回想の湘南　昭和史五〇選』藤沢市文書館、二〇〇九年所収）
（第六章）
加藤厚子「『POPEYE』、「サーファーの街湘南」を特集」（〔続〕藤沢市編さん委員会編『回想の湘南　昭和史五〇選』藤沢市文書館、二〇〇九年所収）
「サーファーの街湘南をさわる」（『POPEYE』一九七七年五月二五日号）
加藤厚子「出版文化と若者」（「湘南の誕生」研究会編『湘南の誕生』藤沢市教育委員会、二〇〇五年所収）

鎌倉市まちづくり景観部都市計画課編『鎌倉市都市マスタープラン』（鎌倉市まちづくり景観部都市計画課、二〇一五年）

（第七章）

菅沼晃ほか編『仏教文化事典』（佼成出版社、一九八九年）
松尾剛次『鎌倉新仏教の成立―入門儀礼と祖師神話―』（吉川弘文館、一九八八年）
今井雅晴『鎌倉新仏教の研究』（吉川弘文館、一九九一年）
加藤厚子「映像が創る『湘南』」（「湘南の誕生」研究会編『湘南の誕生』所収、藤沢市教育委員会、二〇〇五年）
江ノ電ファンクラブ（野口雅章編著『走れ　江ノ電』、江ノ電沿線新聞社、一九九四年）
加藤厚子「小津安二郎と映画人のネットワーク」（茅ヶ崎市史編集員会『ヒストリアちがさき』第一〇号、茅ヶ崎市、二〇一八年所収）
加藤厚子「湘南イメージの形成」（『年報　首都圏史研究』第六号、首都圏形成史研究会、二〇一七年所収）
森田健作『青春の力　限りなき挑戦』（ＰＨＰ研究所、二〇一二年）

（第八章）

田山花袋『日本新漫遊記案内』（服部書店、一九〇七年）
田山花袋『一日の行楽』（博文館、一九一八年）
鉄道院『遊覧地案内』（鉄道院、一九一二年）

鎌倉文学館編『鎌倉文学散歩　長谷・稲村ガ崎方面』（鎌倉市教育委員会、一九九九年）
鎌倉文学館編『鎌倉文学散歩　雪ノ下・浄明寺方面』（鎌倉市教育委員会、一九九七年）
『図録　川端康成と三島由紀夫　伝統へ、世界へ』（鎌倉文学館指定管理者財団法人鎌倉市芸術文化振興財団、二〇一〇年）
鎌倉文学館編『新版　鎌倉文学年表』（鎌倉文学館指定管理者財団法人鎌倉市芸術文化振興財団鎌倉文学館、二〇〇四年）

（第九章）

拙稿「海水浴の発祥と発展」（「湘南の誕生」研究会編『湘南の誕生』、藤沢市教育委員会、二〇〇五年所収）
白井永二編『鎌倉事典　新装普及版』（東京堂出版、一九九二年）
村上文昭『ヘボン物語』（学校法人明治学院、二〇〇三年）
高谷道男編訳『ヘボン書簡集』（岩波書店、一九五九年）
内務省衛生局『内務省衛生局雑誌』三四号（一八八一年）
松本順口述・二神寛治筆記『海水浴法概説』（杏陰書屋、一八八六年（岸野雄三監修『近代体育文献集成　第Ⅱ期　第二七巻保健・衛生Ⅳ』日本図書センター、一八八三年所収））
野崎左文『全国鉄道名所案内』（厳々堂、一八九二年）
鎌倉市市史編さん委員会編『鎌倉市史　近世近代紀行地誌編』（吉川弘文館、一九八五年）
大橋又太郎『旅行案内』（博文館、一八九六年）

「鎌倉海浜ホテル追憶（一）」（『鎌倉市中央図書館近代史資料室だより』第一号、鎌倉市中央図書館近代史資料担当、二〇一三年所収）
田山花袋『日本新漫遊記案内』（服部書店、一九〇七年）

〈第一〇章〉

十方庵敬順「遊歴雑記初編」（東洋文庫四九九　朝倉治彦校訂『遊歴雑記初編一』、平凡社、一九八九年）
エミール・ギメ（青木啓輔訳）『一八七六ボンジュールかながわ』（有隣堂、一九七七年）
杉山敬三郎編『武相名所杖』（猪飼書屋、一八八四年）
探勝会『避暑旅行案内』（上田屋書店、一九〇二年）
「記者発表資料（観光客数及び海水浴客数）」（鎌倉市観光課、各年）

大矢　悠三子（おおや　ゆみこ）

1959年生まれ。市川市史編さん専門員。
愛知大学文学部史学科卒、お茶の水女子大学大学院
人間文化研究科博士後期課程単位取得。人文学修士。

論文・編著者
〈論文等〉
「労働社会の「変革」と鉄道会社—日鉄ストライキと九鉄ストライキを比較して」（交通史研究会『交通史研究』50号）2002年
「鉄道の開通と「湘南」イメージの形成」（お茶の水女子大学『魅力ある大学院教育イニシアティブ＜対話と深化＞の次世代女性リーダーの育成報告書』）2006年
「避暑地日光の変容—鉄道と外国人宿泊施設に着目して」（交通史研究会『交通史研究』63号）2007年
「鉄道会社の観光政策と湘南—明治期の臨時列車と企画乗車券を中心として」（茅ヶ崎市史編集委員会『茅ヶ崎市史研究』31号）2007年
「この街に生きる、暮らす〜写真から探る市川市」（市史研究いちかわ編集委員会『市史研究いちかわ』6号）2015年
「湘南海岸の変遷」（〔続〕藤沢市史編さん委員会『藤沢市史研究』48号）2015年
〈共編著ほか〉
分担執筆『湘南の誕生』藤沢市教育委員会、2005年
分担執筆『東京オリンピックの社会経済史』日本経済評論社、2009年
分担執筆『市川市史写真図録　この街に生きる、暮らす』市川市文化国際部文化振興課、2014年
分担執筆『幕末期の御用留—曽谷村を廻った文書群—』市川市、2017年

江ノ電沿線の近現代史　　CPCリブレ No.8

2018年10月31日　第1刷発行

著　者　大矢悠三子
発行者　川角功成
発行所　有限会社　クロスカルチャー出版
〒101-0064　東京都千代田区神田猿楽町2-7-6
電話 03-5577-6707　FAX 03-5577-6708
http://crosscul.com
挿　絵　神澤みどり
印刷・製本　（株）シナノパブリッシングプレス

ISBN 978-4-908823-43-5 C0021 Printed in japan

好評既刊

エコーする〈知〉 CPCリブレ シリーズ

A5判・各巻本体1,200円
No.1〜No.4

No.1　福島原発を考える最適の書!!

今 原発を考える―フクシマからの発言

●安田純治（弁護士・元福島原発訴訟弁護団長）
●澤　正宏（福島大学名誉教授）
ISBN978-4-905388-74-6

3.11直後の福島原発の事故の状況を、約40年前すでに警告していた。原発問題を考えるための必備の書。書き下ろし「原発事故後の福島の現在」を新たに収録した〈改訂新装版〉

No.2　今問題の教育委員会がよくわかる、新聞・雑誌等で話題の書。学生にも最適!

危機に立つ教育委員会　教育の本質と公安委員会との比較から教育委員会を考える

●高橋寛人（横浜市立大学教授）
ISBN978-4-905388-71-5

教育行政学の専門家が、教育の本質と関わり、公安委員会との比較を通じてやさしく解説。この1冊を読めば、教育委員会の仕組み・歴史、そして意義と役割がよくわかる。年表、参考文献付。

No.3　西脇研究の第一人者が明解に迫る!!

21世紀の西脇順三郎 今語り継ぐ詩的冒険

●澤　正宏（福島大学名誉教授）
ISBN978-4-905388-81-4

ノーベル文学賞の候補に何度も挙がった詩人西脇順三郎。西脇研究の第一人者が明解にせまる、講演と論考。

No.4　国立大学の大再編の中、警鐘を鳴らす1冊!

危機に立つ国立大学

●光本　滋（北海道大学准教授）
ISBN978-4-905388-99-9

国立大学の組織運営と財政の問題を歴史的に検証し、国立大学の現状分析と危機打開の方向を探る。法人化以後の国立大学の変質がよくわかる、いま必読の書。

No.5　いま小田急沿線史がおもしろい!!

小田急沿線の近現代史

●永江雅和（専修大学教授）
●A5判・本体1,800円+税　ISBN978-4-905388-83-8

鉄道からみた明治、大正、昭和地域開発史。鉄道開発の醍醐味が<人>と<土地>を通じて味わえる、今注目の1冊。

No.6　アメージングな京王線の旅!

京王沿線の近現代史

●永江雅和（専修大学教授）
●A5判・本体1,800円+税　ISBN978-4-908823-15-2

鉄道敷設は地域に何をもたらしたのか、京王線の魅力を写真・図・絵葉書入りで分りやすく解説。年表・参考文献付。

No.7　西脇詩を読まずして現代詩は語れない!

詩人 西脇順三郎 その生涯と作品

●加藤孝男（東海学園大学教授）・
　太田昌孝（名古屋短期大学教授）
●A5判・本体1,800円+税　ISBN978-4-908823-16-9

留学先イギリスと郷里小千谷を訪ねた記事それに切れ味鋭い評論を収録。

Cross-cultural Studies Series クロス文化学叢書

第1巻　互恵と国際交流

●編集責任　矢嶋道文（関東学院大学教授）
●A5判・上製・総430頁　●本体4,500円+税　ISBN978 4-905388-80-7
キーワードで読み解く〈社会・経済・文化史〉15人の研究者による珠玉の国際交流史論考。

第2巻　メディア―移民をつなぐ、移民がつなぐ

●編集　河原典史（立命館大学教授）・日比嘉高（名古屋大学准教授）
●A5判・上製・総420頁　●本体3,700円+税　ISBN978-4-905388-82-1
移民メディアを横断的に考察した新機軸の論集　新進気鋭の研究者を中心にした移民研究の最前線。

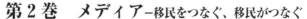